POÉSIES ÉROTIQUES.

POÉSIES ÉROTIQUES,

SUIVIES

DE FRAGMENTS DE LETTRES;

PAR P. M. N. ARDANT DU PICQ.

*Nos, Delia, amoris
Exemplum cana stemus uterque coma.*
TIBULLE.

C'est peu d'être poète, il faut être amoureux.
BOILEAU.

PARIS.
DE L'IMPRIMERIE DE P. DIDOT L'AINÉ,
CHEVALIER DE L'ORDRE ROYAL DE SAINT-MICHEL,
IMPRIMEUR DU ROI.

M DCCC XXI.

ÉPITRE DÉDICATOIRE.

À MADAME

ARDANT DU PICQ.

C'est à vous, ma chère Cécile, vous à qui je dois d'avoir vécu, d'avoir savouré tout ce que l'amour a de sentiments doux et passionnés, tout ce que ses espérances, ses craintes, ses impatiences, ses tourments mêmes ont de plus délicieux; vous qui, dans les liens paisibles de l'hyménée, y savez conserver les pres-

tiges, les enchantements de l'amour, qui tenez plus que l'amour, l'ardent amour ne m'avait promis : tendre mère, incomparable épouse, c'est à vous que je dédie cet ouvrage. Il vous appartient, puisque vous seule l'avez inspiré, que vous avez été la seule muse de l'auteur, la véritable idole pour qui, secrétement, fumait l'encens même que je semblais brûler en l'air, ou adresser à d'autres. Il m'en souvient en effet : alors que je n'osais vous offrir encore l'hommage d'un cœur qui vous adorait, je cherchais du moins à paraître, à me distinguer au milieu de votre société, à fixer votre attention; et c'est pour arriver jusqu'à vous que je fis d'abord la cour à vos parents, vos amis, vos connaissances, et tous ceux qui vous approchaient. Détour ingénu! innocent stratagème d'un amour naissant et timide, où mon esprit n'eut aucune part! Mais mon cœur me conduisait, et je le suivais par instinct, sans intention, et presque sans m'en douter.

Cet ouvrage de mon cœur est donc tout en-

tier le vôtre. J'ignore s'il plaira à d'autres qu'à vous; mais il vous plaira, j'en suis sûr : vous y trouverez au moins un charme, le charme puissant des souvenirs. Ainsi, après m'avoir distrait autrefois des peines cuisantes de l'absence et des ennuis d'une longue séparation, il nous fera mieux goûter le bonheur d'être ensemble, mieux sentir les douceurs de l'union la plus tendre, la plus ardemment desirée. Plus tard aussi, plus tard, quand un âge avancé aura usé notre existence, que les glaces de la vieillesse concentreront dans un étroit foyer les restes amortis de la chaleur de nos cœurs; que notre ame, repliée sur elle-même, cherchera dans le passé, pour suppléer au vide de sa vie actuelle; alors sans doute ce même ouvrage nous sera cher encore. Par de douces réminiscences il épanouira nos fronts ridés et blanchis; sur nos lèvres éteintes brillera le sourire d'une ineffable mélancolie, et nous pourrons encore effleurer les bords de la coupe enchantée des illusions, où s'abreuvèrent nos plus beaux jours.

ÉPITRE DÉDICATOIRE.

Souriez, ma bien-aimée, souriez à ce nouvel et dernier hommage d'une plume que vous avez toujours conduite; oui, le dernier. Désormais tout à vous et à mes enfants; et, déja ayant dépassé le terme de la jeunesse, je veux jouir en paix de moi-même. D'ailleurs, dans le calme de mon cœur, de ce cœur si longuement agité, dans le port où, après tant d'orages, mon ame enfin se repose, heureux de mon bonheur présent, riche de souvenirs et d'espérance, ma voix, libre de la violence des passions, exprimerait mal aujourd'hui l'abondance de mes sentiments, les tendres soins de mon immense sollicitude.

Laissez-moi donc déposer près de vous ma lyre, lyre fidèle que m'avait confiée l'amour, et que je ne profanai jamais. Si j'avais pu lui en dérober quelques sons, je ne les aurais consacrés qu'à l'amitié et à la patrie.

POÉSIES ÉROTIQUES.

LIVRE PREMIER.

HYMNE A L'AMOUR.

Que la terre, les cieux, tout l'univers t'honore,
Amour, dieu des plaisirs, le plus puissant des dieux!
Embrase l'univers d'un feu victorieux!

    Jamais en vain l'on ne t'implore,
  Et, même loin de l'objet qu'on adore,
      Tes souvenirs délicieux,
  Tes souvenirs sont le bonheur encore.

    O dieu vainqueur et gracieux!
O daigne être toujours l'arbitre de ma vie!
  Remplis toujours et console mon cœur,
Qu'assaille l'infortune et flétrit le malheur.
Je veux vivre et mourir sous ta loi si chérie.

Sans cesse, à mon ame attendrie
Rappelle les douces faveurs
De ma jeune et naïve amie,
Par le plaisir, par tes feux embellie.
Fais-moi jouir toujours des aimables erreurs,
De ces songes légers, mais touchants, enchanteurs,
Dont tu berçais l'aurore de ma vie,
Et du destin jaloux je brave les rigueurs.

ODE.

IL EST INSTANT D'AIMER.

Il faut aimer dès que l'âge y convie ;
Trop vite, hélas ! passeront nos beaux jours,
Ces jours sereins, doux matin de la vie,
Que tout entiers réclament les amours.

O mon amie ! ô ma tendre Thémire !
Toi de l'amour l'idole et le portrait,
A mes transports accorde un doux sourire,
Et du plaisir viens connaître l'attrait.

Viens, le mystère étend sur nous son aile ;
Ne craignons point une vaine rumeur.
De la nature entends la voix fidèle,
Elle nous crie : *Aimer est le bonheur.*

Maxime aimable, aux cœurs bien nés facile !
Quand l'univers la consacre et la suit,

Thémire, eh quoi ! tu serais indocile
Au vœu puissant à qui tout obéit !

Le temps jaloux incessamment s'avance,
Dévorant tout, effaçant la beauté.
Ah ! prévenons sa barbare influence,
Dérobons-lui du moins la volupté ;

La volupté, qui, fougueuse et brûlante,
Palpite en moi, me berce dans tes bras,
Tandis qu'Amour, de sa main caressante,
Chatouille, effleure, et presse mille appas.

Des ans alors qu'importe du ravage ?
Que nous importe un changement prévu ?
De vains regrets n'obsèdent point le sage ;
Il ne mourra qu'après avoir vécu.

COUPLETS.

O mes amis! que dans ce jour
Mon cœur respire d'alégresse!
Serait-ce pas le jeune Amour
Qui le remplit de son ivresse?
Oui, c'est lui, c'est ce dieu charmant,
Qui, fidèle toujours aux graces,
De Cythère furtivement
Ici s'envole sur leurs traces.

Mais tout le décèle en ces lieux,
Tout nous annonce sa présence :
Il brille, il parle dans nos yeux,
Il nous commande la constance.
Je le vois sur un teint de lis,
Que la rose tendre colore;
Je le vois dans un doux souris,
Un soupir le révèle encore.

Salut! dieu puissant et vainqueur,
Aimable dieu de ma jeunesse!

Écoute les vœux de mon cœur,
Accorde-moi d'aimer sans cesse.
Puisse le flambeau de mes ans,
Nourri de tes feux salutaires,
S'éteindre quand l'aile du temps
Pâlira tes flammes légères !

AUTRES.

Amis, qu'à nos jeux et nos fêtes
Président les tendres amours!
De myrtes verts ceignons nos têtes,
Et jurons tous d'aimer toujours.
Dans notre commune alégresse,
Invoquons le dieu des amants;
Qu'il sourie à notre promesse,
Que Bacchus scelle nos serments!

Viens donc, Amour, laisse Cythère,
Vénus a quitté ses bosquets;
Ici tes sœurs avec leur mère
T'invitent à nos doux banquets.
Viens, dieu chéri, de ta présence
Daigne embellir notre bonheur;
Soumis à ta seule puissance,
Nous mériterons ta faveur.

AUTRES.

Amis, en ce jour de fête,
Livrons-nous à la gaîté;
Du bonheur montons au faîte,
Buvons frais à la beauté.
Ivres du jus de la treille,
Plus ivres encor d'amour,
Chantons la liqueur vermeille
Et les graces tour-à-tour.

Sans soucis et sans alarmes
Laissons couler nos beaux jours,
Songeons à jouir des charmes
Que dispensent les amours.
N'écoutons que l'alégresse
De nos amoureux transports,
Et ne cherchons la sagesse
Qu'au fond de nos rouges-bords.

Quand au déclin de la vie
Pèsera sur nous le temps,

Une illusion chérie
Embellira nos vieux ans.
Lors, nous rêverons l'ivresse
Qu'inspiraient gentils tendrons,
Et braverons la vieillesse
En vidant de doux flacons.

A.

RÉSOLUTION ROMPUE.

Dans les liens de la beauté
Captif dès ma tendre jeunesse,
Le cœur de desirs agité,
Et m'abandonnant à l'ivresse
D'une immense félicité,
Un jour, le luth en main, ému, plein de tendresse,
Je chantais, et l'amour me tenait transporté.
Mes chants, qu'il inspirait, peignaient la volupté;
Ils disaient les plaisirs, la naïve alégresse,
Le charme et le bonheur de ma captivité.
  C'était à l'ombre d'un bocage.
A mes côtés rêvait, réfléchissait un sage;
Il écoutait mes chants, et, d'un air de bonté,
 Considérait ma faiblesse et mon âge.
Bientôt, m'interrompant, d'un ton plein de douceur,
« Jeune insensé! dit-il, crains de livrer ton cœur
  « Au pouvoir d'un dieu séducteur.
  « L'amour est perfide et volage.
« Tel un fleuve profond, mais limpide et flatteur,
  « Qui va de rivage en rivage,

« Et, loin de les fertiliser,
« Mine, épuise, entraîne et ravage
« Les champs qu'il devait arroser.
« Crois-en donc mon expérience,
« Enfant, cesse de t'abuser;
« Sans pilote, sans prévoyance,
« Prends garde encor de t'exposer
« Sur les flots orageux de cette mer immense
« Où tu cours, hélas ! te briser. »

Il dit en vain. Dans mon ivresse,
« Lorsque, réponds-je, la vieillesse
« Aura flétri tous mes beaux jours,
« Alors, peut-être, de faiblesse,
« J'abandonnerai les amours
« Pour la froide et triste sagesse.
« Jusque-là, docile à leur voix,
« Je ne veux suivre d'autres lois
« Que la pente douce et légère,
« Que ces tendres empressements
« Qui vers un sexe né pour plaire
« Entraînent tous mes sentiments. »

« Ce sexe pétri d'agréments,
« Ce chef-d'œuvre de la nature,
« Qu'elle créa pour sa parure,

« Dit le vieillard, que de tourments
« Il va répandre sur ta vie !
« O mon fils ! ô combien ton cœur
« Gémira de sa perfidie !
« Que j'ai pitié de ton erreur !
« Épris de ce sexe enchanteur,
« Adorant jusqu'à ses caprices,
« A travers ses appas trompeurs,
« Tu ne vois pas mille artifices,
« L'amer reproche, les froideurs,
« Et l'inconstance, et les faux pleurs,
« L'orgueil, les jalouses fureurs.
« Un charme sur tes yeux novices
« Étend... » — « Vieillard, que dites-vous !...
« Mais non... De mon repos montrez-vous moins jaloux.
« Jamais les noires Euménides,
« Jamais leurs couleuvres livides
« N'ont troublé le cœur innocent,
« Le cœur sensible, doux, aimant,
« Des tendres rejetons des Graces ;
« Amour seul, Amour sur leurs traces
« Vole, et se glisse dans leur sein,
« Qu'en jouant arrondit sa main.
« Mais leurs yeux bientôt le décèlent ;
« Déja les nôtres étincellent,
« Un feu subtil court dans nos sens ;

« Du dieu nous sentons la présence.
« Dans nos regards inquiets, languissants,
« Tour-à-tour règnent l'espérance,
« La crainte et les brûlants desirs.
« Notre ame s'exhale en soupirs,
« Et l'enchantement des plaisirs
« Vient redoubler notre existence. »

Soudain, ivre de confiance,
Embrasé d'un feu dévorant,
Je suis l'impétueux torrent
Qui m'emporte dès mon enfance.
Ce torrent poursuivant son cours
Au travers de mille rivages,
Tantôt fleuris, tantôt sauvages,
M'apprend enfin, dans ses détours,
Que trop souvent de noirs orages
Désolent, par d'affreux ravages,
Le pays heureux des amours.
J'en veux donc sortir pour toujours.
Oui, pour toujours, de ces parages
Je laisse le calme imposteur;
Pour toujours, je quitte ces plages,
Où, si long-temps, je rêvai le bonheur.
Adieu, beautés, sexe volage,
Tyrans trop chéris de mon cœur;

Adieu, chimères du bel âge;
Adieu, reines des immortels,
Déités qu'adore Cythère,
Dont j'arborai, décorai la bannière,
Et desservis tant de fois les autels.
Amour, adieu. Tes jeux cruels
Ne tourmenteront plus ma vie.
Libre de tes soucis cuisants,
La paisible philosophie
Aura le reste des beaux ans
Que j'ai livrés à la folie.
Que dis-je? hélas! je jure en vain :
L'amour, piqué de mon dessein,
Emprunte les traits de Thémire,
Et se présente à moi soudain,
Sous ces traits que lui-même admire.
Aussitôt mes faibles serments,
Dispersés par un doux sourire,
Sont le jouet de l'haleine des vents;
Je veux rester sous son empire.

ENVOI A Mlle CÉCILE DE F.

Lisez ces vers, jeune et belle Thémire;
Comme mon ame, ils sont sans fard.
L'amour, qui, sous vos traits m'inspire,

Défend l'afféterie et l'art.
Puissent les accords de ma lyre
Aller jusques à votre cœur,
Où l'aimable candeur respire,
Et, du moins d'un regard flatteur,
Ou d'un doux et tendre sourire,
Vous faire dans ses vœux enhardir leur auteur !

LE RETOUR.

Enfin tu m'es rendue, ô ma chère Thémire !
Un dieu propice encore ici conduit tes pas.
Doux et céleste objet pour qui seul je respire,
Est-ce bien toi ? L'amour ne m'abuse-t-il pas ?
Veillè-je ? Oui, oui : mes yeux rencontrent mille appas.
Mon cœur ému s'embrase, il palpite et soupire.
Je sens courir, gronder dans mon sein agité
　　　Les torrents de la volupté.
　　J'exhale à peine une haleine brûlante;
Des pleurs viennent baigner ma prunelle mourante;
Je ne puis contenir ni rendre mes transports;
　　Je me consume en impuissants efforts;
Tout ajoute à mon trouble, et dans mon ame ardente
Ma fièvre, par l'obstacle, accroît et s'alimente.
　　Trop de bonheur va terminer mes jours.
　　Amour, descends, viens, vole à mon secours;
　　　Calme le feu qui me dévore.
　　De tes bienfaits ne presse point le cours :
Je retrouve aujourd'hui la beauté que j'adore,
Je te fais le serment de l'adorer toujours;

Mais laisse-moi goûter et savourer l'ivresse
Où ce retour heureux vient de jeter mes sens :
Amour, suspends le poids du bonheur qui m'oppresse,
Que je puisse suffire à tous mes sentiments.

AUX DÉTRACTEURS DE L'AMOUR.

Ingrats transfuges de Cythère,
Qui blasphémez le tendre amour,
Tremblez, redoutez sa colère,
Ses traits vous puniront un jour.
Vous invoquez en vain Silène
Et la liqueur chère à Bacchus ;
Mais Bacchus adore la chaine
Qui le tient au char de Vénus.

Tout rend hommage à la puissance
Du dieu dont vous bravez les lois :
Phébus gémit de sa vengeance,
Mars en fureur cède à sa voix ;
Sur la terre et dans l'empyrée,
Chez les dieux et chez les mortels,
Par-tout sa gloire est consacrée,
Par-tout il obtient des autels.

Insensés ! dans votre délire,
Pensez-vous, seuls, lui résister ?

Croyez-vous borner son empire,
Et sans périls vous révolter?
Pour vous confondre, sur vos traces
Qu'il vole, armé d'un doux souris,
D'un souris emprunté des graces,
Et je vous vois vaincus et pris.

Amour, si toujours sans murmure
Je t'ai soumis mon faible cœur,
Suspends les tourments que j'endure,
Récompense enfin mon ardeur.
Fléchis la beauté qui m'enchante,
Punis l'orgueil de mes rivaux,
Et qu'un baiser de mon amante
M'apporte l'oubli de mes maux.

LE VOYAGE.

T'en souvient-il, adorable Cécile,
T'en souvient-il de ce voyage heureux
Que je fis avec toi, quand l'amour, plus facile,
D'une faveur si haute et si chère à mes yeux
    Daigna payer mon encens et mes vœux?
Tu partais, tu fuyais une rive infertile;
J'accompagnais tes pas, de mon sauvage asile
Laissant la solitude et l'aspect rigoureux.
Un char, un même char nous emportait tous deux.
J'étais à tes côtés. O volupté chérie!
Prestiges de l'amour! O ma tant douce amie!...
    Ce souvenir fait tressaillir mon cœur;
Il distrait mes ennuis, il console ma vie,
    Et, s'alliant à l'espoir enchanteur,
Aux lieux de mon exil appelle le bonheur.
Je le couve et nourris dans mon ame ravie.

La nuit régnait encor sur ce vaste univers;
L'aube naissante, à peine, osait blanchir les airs;
Des roses de l'aurore aimable avant-courrière,

L'étoile de Vénus nous prêtait sa lumière;
Le paisible sommeil, effeuillant ses pavots,
Laissait de toutes parts tomber l'oubli des maux;
Aucun vent ne troublait l'air serein et tranquille;
Tout dormait sous les cieux; la nature, immobile,
Goûtait dans le silence un immense repos,
Et la froide vapeur s'épandait sur les eaux.
Assise à mon côté, toi-même, ô ma maîtresse!
Tu cédais à Morphée, et sa puissante ivresse
Subjuguait et fermait tes yeux appesantis.
Dans ce calme profond des êtres assoupis,
Je bravais seul du dieu le charme et la puissance.
D'un dieu plus doux, plus fort, subissant l'influence,
Mon cœur, mon cœur en feu tourmentait ses soucis.
Mes sens au seul amour étaient assujettis.
Eh! quel dieu de l'amour endort la vigilance?
Je veillais pour l'amour, l'amour me récompense :
  Dans un torrent de volupté
Il a plongé mes sens, mon ame et tout mon être;
Je suffis avec peine à ma félicité,
 Aux plaisirs purs que chaque instant fait naître.
Près de toi, dévoré des plus âpres desirs,
Mon corps en frissonnant presse un corps que j'adore;
J'aspire avec délice, et compte les soupirs
  Que dans ton sein l'amour a fait éclore,
  Et que ton sein doucement évapore.

Mon cœur devient le trône où siègent les plaisirs;
Il palpite, il s'ouvre à la joie,
Et tous mes sens au bonheur sont en proie.
Les esprits voluptueux
De ton haleine embaumée
Sont à mon ame charmée
Ce qu'un rayon amoureux
Est à la fleur enfermée
Dans un antre ténébreux;
Ou ce qu'à la rose nouvelle
Sont les caresses d'un zéphyr
Qui, toujours constant, fidèle,
Par un faible et tendre soupir,
A l'amour sans cesse l'appelle,
Et l'invite à s'épanouir.

Cependant ma main tremblante
Sur mon cœur presse ta main,
Et, de ce cœur interprète éloquente,
Te peint les feux qui brûlent dans mon sein.
J'ose admirer, indiscret, téméraire,
Ces précieux appas, ces charmes ravissants
Que ta pudeur, inflexible et sévère,
Cèle et dérobe aux regards des amants,
Mais que l'amour devine en ces moments.
Ainsi, trompant ta vigilance austère,

En dépit des voiles jaloux,
Mon œil parcourt, guidé par le mystère,
Des graces l'heureux sanctuaire,
Et des amours l'asile le plus doux.

Dans cet instant, pour saluer l'aurore,
D'un pourpre en feu l'orient se colore.
Le jour impatient s'élançant sur la nuit,
Par-tout perce son voile, et nous frappe, et reluit.
De ses premiers rayons le haut des monts se dore,
La terre se réveille, et l'univers l'adore ;
Son globe, comme un trait, part et s'attache aux cieux,
Les emplit, les embrase, et roule radieux.
L'illusion et les aimables songes
A son aspect s'échappent de mon sein.
Mon cœur troublé, de ces mensonges
Rappelle en vain le fugitif essaim :
Il fuit. Ainsi l'ombre légère
Qu'efface l'éclat du matin,
Tombe et disparaît sur la terre.

Mais déja nous touchons à ce terme fatal
Qui de nous séparer donne l'affreux signal.
Soudain, de la mélancolie
Le noir bandeau s'épaissit sur ma vie.
La nature a changé, la nuit succède au jour,

Loin de moi le bonheur semble fuir sans retour.
J'obtiens un doux baiser de ma timide amie,
Et pars en invoquant la constance et l'amour.

LE SILENCE.

Deux mois vont expirer, ô ma belle maîtresse!
Depuis qu'un long silence accable ma faiblesse,
Et que mes vœux déçus implorent tes écrits,
Qu'en des temps plus sereins l'amour m'avait promis.
Languissant, abattu, surchargé de tristesse,
Mon cœur impatient compte, dans sa détresse,
De ces mois éternels et les jours et les nuits :
Nul adoucissement n'arrive à mes ennuis.
Mes desirs inquiets, ma craintive tendresse,
Voudraient presser le vol ou la marche du temps :
  Le temps a perdu sa vitesse,
Il ne se traîne plus qu'à pas tardifs et lents.
Qu'importe? ah! vain espoir! L'ingrate! elle m'oublie,
Et j'accusais à tort le pas égal du temps.
A mille soins mortels elle livre ma vie ;
Oui, son oreille est sourde à mes gémissements.
La paix a fui mon cœur dès ces fatals moments.
Même à cette heure encor, tandis que tout sommeille,
Qu'immense, la nuit couvre et la terre et les flots,
Qu'autour de moi Morphée épuise ses pavots,

Moi seul, dans l'univers, moi seul peut-être veille,
Et mes sens agités repoussent le repos.
Je veille; les soucis s'arrêtent sur ma couche,
Et le morne chagrin, et la douleur farouche.
Dans quel torrent de maux je me sens submerger!
De noirs pressentiments me viennent assiéger;
Ils accourent suivis des poignantes alarmes,
Qui repaissent mes maux en tarissant mes larmes.
Du désespoir encor la muette fureur,
Les conseils insensés, je ne sais quelle horreur,
Se pressent dans mon sein; et ma sombre pensée,
Roulant sur elle-même incessamment fixée,
Aime à creuser l'abyme où je me vois tomber.
Mon ame à ses tourments est prête à succomber;
Chaque heure, chaque instant aigrit leur violence.
Cécile, à tant de maux daigne me dérober;
Hâte-toi, romps enfin ton funeste silence,
Hâte-toi, tu rendras la vie à ton amant.
Cruelle! tu le sais, tu sais de ton absence
Que toi seule tu peux m'alléger le tourment.
Qui peut te retenir? quelle rigueur austère,
Quel obstacle nouveau s'élève à mon bonheur?
Ah! faut-il que ta plume éloquente et sincère
Diffère si long-temps d'apaiser ma douleur!
Que sais-je? hélas! peut-être ai-je pu te déplaire.
Grand Dieu! si trop hardi, d'une rime légère,

J'avais, en te peignant ma secrète langueur,
Si j'avais, chère amie, alarmé ta pudeur !....
Ce doute affreux soudain m'épouvante et m'éclaire.
Que dis-je ? Taisez-vous, mensongère terreur :
 Non, je n'ai point mérité sa colère.
  Mon cœur est pur comme un beau jour ;
A la seule innocence ambitieux de plaire,
S'il brûle, c'est des feux d'un légitime amour.
Non, non ; je n'ai point dû mériter sa colère.
  Sans doute, du jaloux vulgaire
  Elle craint les propos malins,
 Et des méchants la censure sévère
  Hé ! qu'ils distillent leurs venins !
  Méprisons-les, ma bien-aimée,
 Ces vils censeurs, ces froids plaisants,
Dont l'ame abjecte, au vice accoutumée,
Dans la débauche et la fange abymée,
  Asservie aux fureurs des sens,
Au tendre amour resta toujours fermée.
Rongés d'envie, en vain, par leur noirceur,
Calomniant l'amour, l'hymen et la nature,
Apôtres insolents du vice et de l'erreur,
Ils vont prônant par-tout leur honte et l'impudeur,
Insultant au devoir, controuvant le parjure,
Et de leur souffle infect exhalant la souillure.
D'ailleurs à ces pervers rien ne peut imposer,

Et leur ame abrutie apprit à tout oser.
Mais qui veut arrêter le flux de leurs injures,
Qui cherche à mettre un frein à ces langues impures,
Sous le poids du mépris il les doit écraser ;
Sur eux retomberont leurs lâches impostures.
Va, n'en redoute rien. Leurs traits empoisonnés
Ne t'atteindront jamais, ô sublime Cécile !
Par tes nobles vertus ils seraient détournés.

Cependant à l'amour sois soumise et docile :
C'est le dieu du bel âge ; il te parle, et sa voix
Ne saurait t'imposer de rigoureuses lois.
Transports délicieux, fidélité, constance,
Tel est son code aimable. Heureux le cœur soumis ;
Le cœur sensible et pur, de ses devoirs épris,
Qui n'enfreignit jamais cette sage ordonnance !
Un immense bonheur sera sa récompense.

LA BOURSE.

Je l'ai reçu, tendre Cécile,
Ce tissu cher et précieux,
Ouvrage de ta main habile,
Qu'un jour tu promis à mes vœux.
De cette aimable souvenance
Mon cœur sensible est trop flatté.
Chez toi, l'attentive obligeance
Égale presque la beauté.
D'ennui, de regrets tourmenté,
Je sens adoucir ma souffrance
Par cette marque de bonté ;
Je sens la paisible espérance
Calmer dans mon sein agité
Cette cruelle impatience
Qui me dévore en ton absence.
Une douce sérénité
Répand un baume salutaire
Sur mon mal long-temps irrité.
Des pleurs humectent ma paupière,
Je goûte en cet heureux moment

Les délices du sentiment.

Que le ciel, à mes vœux facile,
Sur tes jours verse le bonheur,
Que seule, adorable Cécile,
Tu peux rappeler dans mon cœur!
Des plaisirs en tout lieu suivie,
Songe à moi, ma charmante amie;
Partage ma douce langueur,
Laisse du moins l'espoir flatteur
De quelques fleurs semer ma vie.
Laisse-moi bercer mon amour
De l'idée heureuse et chérie
De te posséder quelque jour.
Que fais-je? où mon esprit s'égare!
Mon cœur malgré moi se déclare,
Lorsque, pour ce joli présent
Que je dois à ta bienveillance,
Je cherchais un remerciement
Qui peignît ma reconnaissance,
Mon éternel attachement.

Mais en vain, dans cette occurrence,
Pour façonner un compliment,
J'ai travaillé péniblement.
Je n'ai point l'art ou la science

LIVRE I.

D'envelopper mes sentiments
De beaux mots ni de tours brillants.
Mon esprit pauvre et sans ressource
S'est épuisé gratuitement.
Je te dirai donc simplement :
Mille nœuds forment cette bourse,
Et par un seul à toi je tiens ;
Tandis que le temps, dans sa course,
Brisera ces frêles liens,
Le dieu bienfaisant que j'adore,
Qui vit sous tes traits enchanteurs,
L'amour, saura serrer encore,
En dépit des ans destructeurs,
Le nœud de la chaîne chérie
Qui pour jamais à toi me lie.
Si du sort l'affreuse rigueur
Rompait ce nœud de mon bonheur,
Faible jouet de sa furie,
Je ne pourrais souffrir la vie,
Et je mourrais de ma douleur.

A CÉCILE,

POUR SA FÊTE.

Du haut de la voûte éthérée,
L'astre qui mesure les jours,
Demain, ô maîtresse adorée!
Va nous ramener dans son cours
Ta fête long-temps desirée.
Aux approches de ce beau jour,
Soudain le roi de l'empyrée,
Le tendre, le fidèle amour,
Vole aux jardins de Cythérée.
Là, choisissant entre les fleurs
Dont brille le divin parterre,
Il en nuance les couleurs.
A la plus belle de ses sœurs
Sa main délicate et légère,
Des larcins qu'il fait à sa mère,
Prépare maints tributs flatteurs.

Des plaisirs la troupe immortelle

Sur ses pas erre en ces bosquets,
Folâtre, et disputant de zèle
Pour former les plus doux bouquets.

Unique charme de ma vie,
Toi que j'idolâtrai toujours,
O ma Cécile! ô mon amie!
Reconnais ces soins des amours.
Souris à leur vive alégresse,
Et, le cœur plein de leur ivresse,
D'encens parfume leur autel.
Tu dois en ce jour solennel
Redoubler encor de tendresse.
D'être fidèle à ton amant
Confirme la sainte promesse,
Et renouvelle le serment,
Le doux serment d'aimer sans cesse.

LA RÉSERVE,

ROMANCE.

Loin de l'objet qui m'enchante,
Consumé des feux d'amour,
J'appelle ma jeune amante,
Et soupire nuit et jour.
Une illusion flatteuse
Souvent caresse mon cœur,
Souvent une image heureuse
Me vient montrer le bonheur.

En ce jour, un vain mensonge
N'abuse point mon esprit;
Non, non, ce n'est plus un songe,
Je la vois qui me sourit.
Je vois ses yeux, son visage,
Et je tressaille à sa voix.
L'amour à jamais m'engage
Sous les plus charmantes lois.

Mais quoi! je gémis encore,
J'éprouve un trouble secret!
Près de toi, ma douce Laure,
Mon bonheur reste imparfait.
Ta présence m'inquiète
En allumant mes desirs,
Et de ma bouche muette
Ne sortent que des soupirs.

Ah! des rêves de l'absence
Je regrette la douceur,
Et de l'aimable espérance
Le charme consolateur.
Dans mon séjour solitaire
Tout succédait à mes vœux,
Ici ta pudeur austère
Irrite et retient mes feux.

SOUHAITS DE BONNE ANNÉE.

Bon jour, bon an, belle Cécile !
Biens et santé ! plaisirs nouveaux !
Félicité pure et tranquille,
Jour sans nombre, absence des maux !
Sont les souhaits froids et banaux
Que, sans doute, la politesse,
Sous le masque des sentiments,
Dans ces fastidieux moments,
D'un air distrait, t'offre sans cesse.
De tous ces fades compliments
Je ne grossirai point la presse ;
Mais j'essaierai de ma tendresse
De t'exprimer les vœux ardents.
Eh ! pourquoi, quand chacun s'empresse
A brûler un encens menteur,
Ferais-je, moi, taire mon cœur ?
Puissent donc les dieux que j'adore,
Qu'à tes côtés on vît toujours,
Les ris, les graces, les amours,
Qu'aujourd'hui ma ferveur implore,

De ta vie embellir le cours!
Au tissu de tes destinées
S'ils voulaient, ces dieux bienfesants,
Ajouter encor des années,
Qu'ils moissonnent tous mes beaux ans!
Trop heureux, ô ma tendre amie!
De m'immoler à ton bonheur,
De laisser une simple fleur
Sur la carrière de ta vie,
Mon sort serait doux et flatteur,
Et je mourrais digne d'envie!

IDYLLE.

Chers nourrissons de ce bocage,
Heureux et tendres arbrisseaux,
Qui présentez un doux ombrage
Par l'union de vos rameaux ;

De la riante cour de Flore
Favoris légers et flatteurs,
Zéphyrs, dont le souffle évapore
L'esprit et le parfum des fleurs ;

Tapis de mousse et de verdure
Où folâtrent les voluptés ;
Ruisseau, d'une onde fraîche et pure,
Qui baignes ces bords enchantés ;

Petits oiseaux, dont le ramage
Gazouille, à toute heure du jour,
Le plaisir que, sous le feuillage,
Vous prodigue le dieu d'amour ;

Échos, dont la voix incertaine,
Sensible aux chagrins des amants,
Assoupit un instant leur peine
Par le récit de leurs tourments ;

Vous tous enfin, dieux solitaires,
Qui daignez habiter ces bois,
Dieux du désert, dieux tutélaires,
Exaucez ma timide voix :

Quand Glycère, Chloé, Lesbie,
Viendront fouler ce beau séjour,
Et rechercher une ombre amie
Contre les feux brûlants du jour ;

Dans une douce rêverie
Plongez alors, noyez leur cœur,
Et que dans leur ame attendrie
L'amour entre et règne en vainqueur.

Qu'elles m'accordent un sourire,
Et, plaignant mes soucis cuisants,
Partagent avec mon délire
L'ardeur qui consume mes sens.

Ainsi chantait le jeune Amynte,

Seul et pensif au fond des bois.
Son cœur, pour la première fois,
De l'amour ressentant l'atteinte,
Brûlait, mais sans fixer son choix,
Et dans l'air se perdait sa plainte.

Cependant l'ombre des coteaux
S'alongeait au loin dans la plaine,
Les vents retenaient leur haleine,
Le soir ramenait le repos.
Amynte encor creusait sa peine,
Il la confiait aux échos,
Lorsque, sur son aile légère,
Au berger triste et solitaire
Un zéphyr apporte ces mots,
Que chante une voix douce et claire :

« Berger, l'honneur de nos hameaux,
« Beau berger qui cherches à plaire,
« Pour trouver la fin de tes maux
« Choisis une aimable bergère.

« L'amour veut embellir tes jours;
« Mais ce dieu bienfesant et sage
« Jamais n'accorde son secours
« A cœur qui flotte et se partage.

« Berger, l'honneur de nos hameaux,
« Beau berger qui cherches à plaire,
« Veux-tu voir s'envoler tes maux,
« Chéris une tendre bergère.

« Donne-lui ton cœur et ta foi,
« Abjure un odieux partage,
« Et bientôt, heureuse avec toi,
« Ton bonheur sera son ouvrage.

« Berger, l'honneur de nos hameaux,
« Beau berger qui cherches à plaire,
« Pour charmer, pour guérir tes maux,
« Il faut n'aimer qu'une bergère. »

A ces paroles que Zéphyr,
Glissant sur le tremblant feuillage,
Accompagne d'un long soupir,
Le berger sensible et volage
Frémit d'amour et de plaisir.
Ces accents, ces leçons naïves,
L'approche des ombres tardives,
Les bois, leur vague obscurité,
Tout parle à son cœur agité,
Tout à l'amour l'appelle et le convie.
Docile à cette voix chérie,

Dans ses desirs impatients,
Il vole à la rive fleurie
D'où sortent les sons ravissants
Qui viennent d'enflammer ses sens.
O surprise ! il trouve Glycère !
Et la serrant contre son sein,
Sois, lui dit-il, sois la bergère
Qui fixe mon cœur incertain.
Glycère ingénue et sincère,
Glycère à cet emportement
Ne répond que par un sourire ;
Mais son cœur, qui tout bas soupire,
Accède au vœu de son amant,
Et sa rougeur et son souris charmant
Disent assez ce qu'elle hésite à dire.

Amynte l'entend ce sourire :
Déja ses bras voluptueux
Pressent la bergère timide.
Le gazon, de rosée humide,
Se prête à leurs transports heureux.
L'amour triomphe, et la nature entière
Sert ou protège leur ardeur :
Vesper leur donne sa lumière,
Un silence doux et flatteur
S'étend et plane sur la terre,

Et, plus brillante en leur faveur,
La nuit mesure sa carrière.
Dès ce moment l'essaim des jeux
A leurs côtés toujours réside;
Constants et l'un de l'autre heureux,
L'amour à leur bonheur préside,
Et des ans le cercle rapide
N'amène que des jours clairs et sereins pour eux.

ENVOI A CÉCILE.

De l'exemple de ces bergers
Profitons, ma belle maîtresse :
Fuyons comme eux ces éclairs passagers,
Ces feux follets d'un amour sans tendresse.
Le bonheur n'est pas fait pour les amants légers.
Le véritable amour, l'amour que je respire,
Qui donne seul le suprême bonheur,
L'amour que j'ai puisé dans ton joli sourire,
Ne prodigua jamais ses feux ni sa faveur.
Il dédaigna toujours d'établir son empire
Près d'un esprit ou volage ou trompeur.
Son temple favori, son plus doux sanctuaire
Est dans les cœurs fidèles et constants.
C'est à ce dieu, comme Amynte et Glycère,
C'est à ce dieu, mon aimable bergère,
Qu'il faut porter nos vœux et notre encens.

ODE
SUR LE RETOUR DU PRINTEMPS.

Enfin le printemps en ces lieux
Vient de rétablir son empire.
Les frimas, l'aquilon fougueux,
Cèdent au souffle de Zéphyre.

Dans les airs, les bois et les champs,
Tout renaît, tout brille et respire,
Et la terre à ses habitants,
Joyeuse, nous semble sourire.

L'amour brûle et remplit les cœurs,
Au doux plaisir il les convie;
Ses feux puissants et créateurs
Dans l'univers portent la vie.

De son léthargique sommeil
Sort la nature rajeunie,
Le printemps pare son réveil
Pour le dieu qui la vivifie.

Toi pour qui naissent les beaux jours,
Ame, éternel auteur du monde,
Amour, ô toi dont le secours,
Seul, le répare et le féconde ;

Quand tu prodigues tes bienfaits
A la plus humble créature,
Sur moi pourquoi lancer des traits
Dont mon cœur gémit et murmure?

Déja tous les êtres divers
Qu'avait séparés l'inclémence
Et la rudesse des hivers,
Sont réunis par ta puissance.

Rassasiés de volupté,
Ils jouissent, brûlent ensemble;
Les chants de leur félicité
Montent au dieu qui les rassemble.

Moi seul, en proie à mes ennuis,
Mélancolique et solitaire,
Après l'amante la plus chère
Je soupire en vain et languis.

Telle, de douleur affamée,

La tourterelle, atteinte au cœur,
Loin de sa douce bien-aimée,
Plaint et lamente son malheur.

Je soupire, et du sort barbare,
Du sort implacable et jaloux
La rigueur constante et bizarre
Ne m'abreuve que de dégoûts.

Hélas! de mes peines cruelles
Si j'osais entrevoir la fin!
Mais non, des épreuves nouvelles
Toujours aigrissent mon chagrin.

Toujours miné par la tristesse,
Toujours noyé dans la langueur,
Au malheur croissant qui m'oppresse
S'épuise et succombe mon cœur.

Cependant s'enfuit ma jeunesse,
Rapide, entraînant les amours.
Le temps menace où la sagesse
Doit venir envahir mes jours.

Amour, ô rends-moi mon amante!
Rends ma Cécile à mes soupirs!

Et de mon ame défaillante
Calme les mortels déplaisirs.

Alors, au sein de ce que j'aime,
Ivre, plein d'un trouble enchanteur,
Si j'endurai tourment extrême,
Extrême est aussi mon bonheur.

A M. DEB.,

QUI, DANS UNE LETTRE, ME PRÊCHAIT L'INCONSTANCE.

Brillant papillon de Cythère,
Heureux protégé de l'amour,
Des graces, des amours le frère;
Aimable idole de leur mère
Et de la sémillante cour
Qui folâtre sous leur bannière;
Dans votre course passagère,
Allez, volez de fleurs en fleurs;
Variez vos jeux enchanteurs,
Profitez du talent de plaire,
Et jouissez de vos erreurs.
Léger, indiscret et volage,
Mais encore plus séduisant,
En tous lieux, du bouton naissant,
Que vous recèle un clair feuillage,
Et qui, sous ce jaloux ombrage,
Lentement doit s'épanouir,
Brisez le trop long esclavage,

Et, rival heureux du zéphyr,
Par votre amoureux badinage,
Hâtez l'instant qui le verra fleurir.
 Au frémissement de vos ailes,
 A vos baisers, beau papillon,
 Qu'il cède ce vermeil bouton,
 Et pour vous perce la cloison
 Des tissus délicats et frêles
 Qui le retenaient en prison.
 Flattez et caressez ses charmes.
Leurs doux parfums, leur tendre velouté,
Le vermillon de leur virginité,
Que, le matin, l'aurore de ses larmes
 A légèrement humecté,
 Vous promettent la volupté.
Qu'ils fixent donc votre mobilité,
Et de l'amour éprouvez les alarmes.
Soucis d'amour ont bien aussi leurs charmes.
Connaissez-les, sans eux sont imparfaits
De ses plaisirs les plus touchants attraits.
 Telle est la fleur de Cythérée,
 La rose aux regards satisfaits
Plaît mieux encor d'épines entourée.

 Mais, que dis-je? de vos transports
 Rien n'arrête l'impatience :

A Flore, à ses plus doux trésors
Vous préférez l'indépendance,
Et votre rapide inconstance
Erre déja sur d'autres bords.
Suivez l'humeur qui vous entraîne,
Suivez vos frivoles desirs :
D'hyménée évitez la chaine,
Et sur votre route incertaine
Du moins rencontrez les plaisirs.
Mais laissez le ramier fidèle,
Toujours aimé, toujours constant,
Près de sa tendre tourterelle,
Dans un plaintif et doux roucoulement,
Soupirer les douceurs d'une flamme éternelle,
Les charmes de l'amour, sans cesse renaissants,
Ses langueurs, ses transports, son trouble, ses tourments,
Tourments heureux ! qu'un rien apaise ou renouvelle,
Et de félicité source active et nouvelle.
Ainsi, tandis qu'avec ardeur,
Ivre d'orgueil, et de feux et d'audace,
Du plaisir en tous lieux vous poursuivez la trace,
Au sein de sa compagne il trouve le bonheur,
Et la volupté pure habite dans son cœur.

A DES AMIS

QUI M'ENGAGEAIENT AUX PLAISIRS
ET A CULTIVER LES MUSES.

Non, non : de vains amusements
N'ont plus d'attrait qui m'intéresse ;
Ma santé s'use, et le Permesse,
Roulant ses trésors transparents,
Ne doit plus, sur les bords charmants
Que son onde arrose et caresse,
Entendre mes débiles chants.
Tout improuve ma hardiesse,
Et ma téméraire faiblesse
Va quitter ces sentiers glissants
Où l'amour l'égarait sans cesse.
Ils sont passés les jours brillants
De ma trop ardente jeunesse.
Déja mes esprits petillants
S'amortissent ; la main du temps
Déja sur moi pèse et m'oppresse.
D'une délicieuse ivresse

Je perds l'heureux enchantement;
La fièvre, le transport bouillant
Ne m'agitèrent qu'un instant :
Je vois s'enfuir avec vitesse
Les plaisirs avec mes beaux ans,
Et bientôt vingt plus huit printemps,
Au lieu de la vive alégresse
Où plongeaient, où nageaient mes sens,
Mandent la sévère sagesse.
Par degré, de l'illusion
S'envolent les riants prestiges.
Hélas! dans peu, de la raison
N'aurai-je donc que les vertiges!

Amour, toi qui soumis mon cœur,
Et qui souris à son hommage,
Amour, veille sur ton ouvrage,
Contre ce torrent destructeur
Qui tout renverse, tout ravage,
Et tout abyme à son passage.
Sois toujours, sois mon bienfaiteur.
De mon sort astre protecteur,
Tu te levas sur mon aurore :
Que ton feu propice et vainqueur
Sur mon couchant reluise encore.
Si je conserve ta faveur,

Si tu charmes toujours ma vie,
Si ma douce et sensible amie
Répond toujours à mon ardeur,
Si je suffis à son bonheur,
De la saison de la folie
Je ne regrette plus les fleurs;
Amour, oui, je sèche mes pleurs,
J'abjure la mélancolie
Que des souvenirs enchanteurs
Versaient dans mon ame attendrie.

Mais loin d'un monde que j'oublie,
La soif brûlante des honneurs
Ne dévorera point ma vie.
Épris de tes seules douceurs,
Dans mon humble philosophie,
Je n'ambitionne et n'envie
Ni le vain faste des grandeurs,
Qu'encense la foule ignorante;
Ni des rangs la pompe imposante,
Ni de fades adulateurs
Une cour servile et rampante,
Enfin ni ces biens imposteurs
Que vend la fortune inconstante.

Toi seul, Amour, peux rendre heureux,

Toi seul satisfais et contentes
Un cœur qu'embrasèrent tes feux,
Toi seul le ravis et l'enchantes,
Et toi seul auras tous mes vœux.

SOLLICITATIONS.

Qu'attendons-nous, dis, ma chère Cécile,
A nous unir et finir nos tourments?
Le temps s'enfuit, déja son aile agile
M'a complété cinq lustres et trois ans.
Pour toi, Cécile, aussi la Parque file.
Comme un torrent s'écoulent nos beaux jours.
Jours fortunés, jours sacrés des amours,
O charme heureux d'une vie éphémère!
Nous vous perdons, vous fuyez pour toujours.
Le printemps vient ressusciter la terre,
Chaque matin reproduit la lumière;
L'humide nuit, secouant ses pavots,
A l'univers rapporte le repos;
La terre aride et flétrie, altérée,
Boit la rosée et brille réparée;
L'heureux zéphyr voit la mourante fleur
Renaître encore à son souffle flatteur.
Dans la nature ainsi tout recommence.
Pour l'homme seul il n'est qu'une existence,
Dont la douceur s'exhale sans retour.

O dieux, qu'au moins l'ardente adolescence,
Que la beauté, l'ingénue innocence,
Puissent fléchir... Mais non; le temps accourt,
Inexorable, il accourt, il s'avance,
Et des amours la saison n'a qu'un jour.
Les longs chagrins, l'ennui, l'impatience,
Et tous les maux cortége de l'absence
Viennent encor de ces instants trop courts
Nous abréger, empoisonner le cours.
Du peu qui reste, ô ma tant douce amie!
Osons jouir. La vieillesse ennemie
Sur nous chemine, elle avance à grands pas,
Trompons sa marche et la faux du trépas;
Ne mourons point sans connaître la vie.

De la fortune et de l'ambition
Les vains calculs égarent la raison.
Combien déja m'ont-ils coûté de larmes!
Qu'ils ont brisé, désespéré mon cœur!
Ah! revenons d'une funeste erreur:
C'est trop languir, loin de nous ces alarmes!
Soyons heureux dans l'âge du bonheur;
D'un doux hymen goûtons enfin les charmes,
Et de l'amour épuisons la douceur.
Tel est le vœu, le cri de la sagesse.
Entends sa voix, ô ma jeune maîtresse!

Ose à l'amour confier tes destins;
Remettons-nous en ses fidèles mains,
De ses bienfaits qu'il nous comble sans cesse.
Alors, sans biens, je serai ta richesse,
Et tu seras mon unique trésor,
Trésor immense, et cher à ma tendresse,
Pour moi plus doux, plus beau qu'un monceau d'or
A l'inquiète et hideuse avarice,
Dont l'œil ravi contemple avec délice,
Veille sans fin, veille et couve cet or,
Métal impur qu'entassa l'injustice,
Et dieu d'un cœur plus méprisable encor.
Du ciel pour nous la rigueur est propice :
Moins fortunés, nous nous aimerons mieux;
Libres des soins des Crésus soucieux
Et des ennuis de la magnificence,
Riant des airs, riant de l'arrogance
D'un parvenu bassement dédaigneux,
Dans une obscure et paisible existence,
De notre amour les fruits délicieux
Seront plus doux, savourés en silence;
Plus chère aussi nous sera la constance.
Va, rendons grace à la bonté des dieux.
S'ils m'ont banni des champs de mes aïeux,
S'ils t'ont des tiens ravi l'antique aisance,
Nous leur devrons un bien plus précieux :

c.

Joie et bonheur sont mieux que l'opulence

Simple est l'Amour : ce monarque des cieux,
Fidèle ami de l'aimable innocence,
Craint des palais le luxe ambitieux;
Mais l'humble toit qu'elle pare à ses yeux
Obtient souvent l'honneur de sa présence.
Il doit fixer chez nous sa résidence.
Hâtons-nous donc, Cécile, hâtons-nous :
Sacrifions à cet auguste maître;
Trop de retard l'irriterait peut-être,
Et changerait sa faveur en courroux.
Viens, fécondons cette céleste flamme
Qu'il déposa dès long-temps en notre ame,
Gage assuré du destin le plus doux.
L'autel attend. Déja, de ses guirlandes,
Hymen enchaîne Amour à tes genoux,
Et d'un souris accueille nos offrandes.
Viens, d'un amant daigne faire un époux,
Que de mon sort l'univers soit jaloux.

Lors, avec toi, coulant des jours prospères,
Et de l'amour goûtant les fruits exquis,
De nos desirs, de nos feux salutaires,
De nos doux jeux et nos tendres soucis,
Que le tombeau, qu'une urne funéraire

Soit le seul terme et le dépositaire !

Oui, quand, du temps sillonnés et blanchis,
Mais toujours ceints des myrtes de Cypris,
Nous n'aurons plus qu'un reste de lumière ;
Lorsqu'épuisés d'une longue carrière,
A peine un souffle allumant nos esprits,
Nous toucherons aux bornes de la vie,
Aimons encor, brûlons, ô mon amie !
Qu'il voie enfin, l'incrédule étonné,
Le détracteur de la cour de Cythère,
Qu'il voie en nous l'exemple de la terre,
L'exemple heureux d'un amour fortuné,
Vainqueur du temps, et des ans couronné !

LE BAISER [1].

D'un long baiser j'ai goûté la douceur ;
D'un long baiser l'ineffable saveur
Dans tous mes sens d'une volupté pure
A répandu l'ivresse et la chaleur.
O de l'amour précieuse faveur !
Premier baiser ! d'un bonheur sans mesure
Prélude heureux, brûlant avant-coureur !...
   Mon ame encore le savoure,
Mon ame encore à la molle langueur

(1) Il m'en souvient de ce premier baiser de l'amour, après quatre ans d'absence, quatre ans de constance et de tourments délicieux. Il y a déja bien long-temps, et je retrouve vivant en moi, dans toute sa fraîcheur, l'enchantement de cet instant fugitif et unique dans la vie. Il me souvient des moments où je composai cette pièce de vers, une de celles que j'ai le moins retouchées, quoiqu'elle m'ait paru toujours faible et froide auprès des sentiments qu'elle exprime. C'était l'avant-veille de mon mariage, dans le voluptueux silence, le calme, le repos touchant d'une des dernières et des plus douces nuits de l'été ; dans l'insomnie d'un cœur ivre encore et impatient de bonheur.

Se livre, et se repaît du rêve du bonheur.
Du souvenir l'illusion m'entoure :
J'y suis encore, ô dieux!... Sur mes genoux,
Sur mes genoux ! ma bien-aimée assise,
Aux ordres de l'amour se montre enfin soumise,
Et sans alarmes, sans courroux,
Accueille en souriant mes transports les plus doux.
Timide néanmoins, étonnée et surprise,
Elle gronde parfois, et s'apaise, et rougit,
Et sa rougeur la pare et l'embellit.
Rougeur charmante! adorable murmure!
De la pudeur c'était l'aimable fard,
Les premiers cris. Beauté simple et sans art,
O ma Cécile! orgueil, amour de la nature,
O ma jeune future !
A mes vœux innocents tu t'opposais en vain :
Ta résistance amène un doux larcin.
Mais tu te rends. Sur ta bouche de rose,
Sur ta bouche fraîche et mi-close,
D'où s'exhale un parfum plus exquis que le nard,
Ma bouche un moment se repose,
Et d'un délicieux nectar,
Dans le corail de tes lèvres humides,
J'humecte mes lèvres avides.
Ma langue perce au travers de tes dents,
Les sépare, s'enfonce, et, toujours altérée,

Des voluptés pompe les flots ardents.
 Ces flots rapides, par torrents,
 Tombent dans mon ame enivrée;
 Bouillonnant dans tous mes vaisseaux,
 Jusqu'à la moelle de mes os
 Ils pénètrent, ils me consument.
Je brûle tout entier, mille pressants desirs
A-la-fois dans mon sein fermentent et s'allument.
Éperdu, hors de moi, de pénibles soupirs
Ne peuvent ni calmer, ni soulager mes peines.
L'amour et tous ses feux ont coulé dans mes veines.
M'abreuvant à longs traits de son poison fatal,
Le dieu sans cesse attise et tourmente mon mal,
Sollicite mes sens, et m'embrase et m'oppresse.
Je ne vois, n'entends plus. Dans ma fougueuse ivresse,
Dans les mortels tourments d'un amour sans égal,
J'embrasse, furieux, ma tremblante maîtresse,
L'étouffe sur mon cœur. Mais d'un sein virginal
 Qui se gonfle et se précipite,
D'un sein voluptueux, plein du dieu qui m'agite,
 L'albâtre et les doubles trésors,
Pressés contre mon sein, irritent mes transports.
Hélas! ainsi tout croît ma fièvre et mon délire :
Vainement je m'épuise en douloureux efforts :
Tout me séduit, me trouble, à l'amour tout conspire,
Tout, jusqu'à la sévère et farouche pudeur,

Dont l'inflexible loi recule mon bonheur.
O tourment du desir! doux et cruel martyre!
Baiser de ce qu'on aime! ô délice! ô langueur!
Amour, terrible amour!... ô trop craintive amie!
Ma Cécile!... ton sein... il a frappé mon cœur!
Il redouble!... un frisson... je soupire et m'écrie...
Je me mine moi-même, et mon cœur affamé
Succombe aux vains desirs dont je suis consumé.

PORTRAIT.

Aux charmes d'un maintien aisé, libre et décent,
   D'un gracieux et léger enjouement;
    Aux agréments de la figure,
  A l'indicible et séduisant attrait
  D'un port divin, d'un corsage parfait;
Aux talents, aux vertus d'une ame douce et pure
Ajoutez tous les dons d'une heureuse nature,
Cœur sensible, esprit vif, pénétrant et discret,
Candeur, aimables soins, bienveillance entraînant
Simplicité toujours si noble et si touchante,
De ma Cécile alors vous aurez le portrait.

ÉPILOGUE

DU PREMIER LIVRE.

A CÉCILE.

D'un époux, d'un ami, de cet autre vous-même
 Dont vous embellissez les jours,
 Qui vous doit le bonheur suprême
D'aimer et d'être aimé d'une tendresse extrême;
 Objet constant des plus tendres amours,
De cet époux heureux et votre amant toujours
 Recevez le modeste hommage,
 Et souriez aux accords innocents,
Aux faciles accords d'un luth fidèle et sage.
Je ne vous viens offrir ici que votre ouvrage,
 Puisque vous seule inspirâtes mes chants,
 Qu'Amour dictait sous des traits si touchants.
 Or, en prenant, en revêtant vos charmes,
 Ce dieu fripon y retrempait ses armes,

Qu'il essaya dans l'instant sur mon cœur.
Aux premiers coups, portés avec fureur,
Je me rendis, j'implorai sa clémence,
Pour prévenir sa fatale rigueur
(Que m'eût, hélas! servi la résistance?).
Il m'a su gré de mon obéissance,
Et depuis lors j'ai conquis sa faveur.
Mais ses bienfaits passent mon espérance :
Pour moi sans borne a paru sa puissance :
En le versant à longs flots dans mon cœur,
Il m'a des dieux révélé le bonheur;
Oui, j'ai des dieux vécu de l'existence.
Dans les transports de ma reconnaissance,
En vers légers, parfois mélodieux,
J'ai confessé, publié sa puissance :
J'ai dit l'ardeur, la douceur de ses feux,
Ses tendres soins, et ses élans fougueux,
Et tous les dons de sa munificence.
Plaisirs, langueurs, desirs tumultueux,
Ravissement, alarmes et souffrance,
J'ai tout chanté sur mon luth amoureux.

Est venu l'àge; et l'hymen sur ses traces
M'a de ses nœuds enchaîné près des graces,
De mon bonheur prenant la mission.
Amour et lui, tous deux de compagnie,

Ah! puissent-ils décider de ma vie!
Restez près d'eux, aimable illusion,
Rêves du cœur, séduisante folie,
Qui m'entouriez dans ma jeune saison,
Et vous encor, tendre mélancolie.
Mais vous fuyez, vous craignez la raison,
Qui, sur les pas d'hyménée, est venue,
Et dont l'aspect impose à votre vue.
L'hymen, d'ailleurs, de la réalité
Seule est amant, il chasse les mensonges.
En fléchissant sous la nécessité,
Je rendrai grace à sa sévérité :
S'il m'a ravi le délire et les songes,
Enchantement de mon cœur agité,
Il m'a payé ce qu'il m'avait ôté,
Et je lui dois nouvelle volupté.
De l'amitié la généreuse flamme,
Pour succéder au turbulent amour,
Dont les doigts seuls avaient tissu ma trame,
Avec douceur a coulé dans mon ame,
L'a pénétrée et nourrie à son tour.

Dans le repos, le calme de l'ivresse
Où j'ai vu fuir ma rapide jeunesse,
Des plaisirs purs font battre encor mon cœur;
Et la tendresse et la reconnaissance,

Les souvenirs, l'exquise confiance,
L'épanchement, si doux et si flatteur,
Et la paternelle espérance,
De mille sentiments l'intime jouissance,
Me remplissent toujours la coupe du bonheur.

FIN DU PREMIER LIVRE.

LIVRE SECOND.

MÉLANGE.

A Mlle R.,

SUR UN BOUQUET CACHÉ PAR ELLE SOUS MON COUVERT.

C'est en vain, charmante Christine,
En cueillant un bouquet flatteur,
Qu'assortit ton humeur badine,
Pour ton plus vif adorateur,
Qu'en te dérobant à ma vue,
Tu croyais rester inconnue
Et t'amuser de mon erreur.
Tes dons eux-mêmes t'ont déçue :
Tes attraits, ta grace ingénue
Sont trop bien gravés dans mon cœur :
Tout me retrace ton image,
Et j'ai trouvé dans chaque fleur
De tes traits l'heureux assemblage.

MÉLANGE.

J'ai vu tes yeux, pleins de langueur,
J'ai vu ton front, où la candeur
Repose et brille sans nuage,
Tes blonds cheveux et ton galant corsage.
J'ai vu le tendre coloris,
L'air gracieux de ton visage,
Où la rose, au milieu des lis,
Pâlit, mais à ton avantage;
Où le plus séduisant souris
Dompte le cœur le plus sauvage,
Et le rend docile et soumis
Au joug d'un aimable esclavage.

Cependant, ardent, indiscret,
Sans crainte aucune et sans alarmes,
Dans ce symbolique bouquet
J'osais deviner d'autres charmes :
J'osais, tremblant de volupté,
Fixer avec avidité,
Sous une gaze transparente,
Les doux trésors de la beauté,
Cou divin, gorge palpitante,
Contours moelleux, éclat, fraîcheur,
Délices des sens et du cœur;
Et la sommité rougissante,
Et l'ivoire, et tous les appas

De ces deux globes délicats,
Pétris, moulés par la jeunesse,
Que soulève un desir naissant,
Jusqu'à ce qu'un heureux amant
Dans ses doigts doucement les presse,
Ou les baise furtivement.

J'osais encor, j'ose sans cesse,
Dans mon extase et mon ivresse,
D'un œil en feu, d'une brûlante main,
Voir, effleurer, caresser le satin,
Le brillant embonpoint, les rondeurs et l'albâtre
D'autres appas peut-être encor plus doux,
Et que, malgré ton pudique courroux,
Malgré tes soins, le regard idolâtre
Perce au travers du vêtement jaloux;
Invincibles attraits, charme de la ceinture
De Cythérée immortelle parure,
Qu'en souriant, lui-même, de sa main,
L'espiègle amour a nouée à ton sein.
Elle y restera jusqu'à l'âge
Qui, succédant à tes beaux jours,
Et ruinant ces purs, ces élégants contours,
Des graces l'orgueil et l'ouvrage,
Dissipera l'essaim volage,
L'essaim fugitif des amours.

Hâte-toi donc, beauté divine,
D'user de ces heureux instants,
Préviens l'avide faux du temps.
Puisqu'il n'est pour nous qu'un printemps,
Le tien, adorable Christine,
Doit tout entier être aux amants.

Ah! si mes vœux pouvaient te plaire,
Si, de tes yeux bannissant le refus,
Tu recevais mon hommage sincère
    Et mes soins assidus,
  Bientôt, d'une course légère,
  Je m'élancerais à Cythère,
Et de bouquets cueillis au jardin de Vénus,
Redescendrais, sur l'aile du mystère,
A pleines mains t'offrir les doux tributs.

A Mlle P.,

EN LUI ENVOYANT UNE CORBEILLE DE FLEURS,
LE JOUR DE SON MARIAGE.

Ce matin même, aimable Adélaïde,
  A vu ces fleurs s'épanouir,
  Comme à l'amour vint à s'ouvrir
  Votre ame sensible et timide.
Hélas! malgré les soins et les soupirs
    Des légers et tendres zéphyrs,
    Le temps, dans sa course rapide,
    Est venu déja les flétrir.
Ne craignez pas un pareil avenir,
Vous qui devez briller d'un éclat plus solide,
  Bouton charmant, que l'amour va cueillir;
    Des coups de la hache homicide
Ce dieu saura long-temps vous garantir.
    Honorez-le avec confiance,
  Et, dans la paix, la joie et l'innocence,
Vos jours seront tissus de la main du plaisir.

Heureuse alors, trois fois heureuse !
Moins cependant que l'amant fortuné,
L'amant pour votre époux par le ciel destiné,
Et qu'en ce jour sa flamme ardente et glorieuse
Vous amène à vos pieds à jamais enchaîné.

VERS POUR UN ENFANT

A SON INSTITUTEUR,

EN LUI OFFRANT UN BOUQUET LE JOUR DE SA FÊTE.

O vous qui daignez cultiver
La tendre fleur de mon enfance,
Vous dont l'active vigilance
De cette fleur embrassant la défense,
L'aide à grandir, et croître, et s'élever,
Et la soustrait à la froide influence
Des aquilons, à l'impure vapeur,
A la tempête, à l'insecte rongeur
Qui menaçaient sa débile existence ;
Puissent bientôt, puissent des fruits exquis
De tant de soins être le juste prix !
En attendant, de ma reconnaissance,
De mon cœur neuf, et sensible et soumis,
Où vit par vos bienfaits sa native innocence,
Que ces tributs légers, d'un œil de bienveillance,
O mon meilleur ami ! soient par vous accueillis !

BILLET A UN AMI,

EN LUI ENVOYANT UN VASE DE PORCELAINE.

Des sentiments que vous nourrit mon cœur
Ce don modeste est un bien faible gage.
Il est trop vrai; mais quoi! par quel heureux langage
De ma vive amitié vous peindre la chaleur?

A MLLE ....,

SUR DES VERS ÉROTIQUES QU'ELLE AVAIT FAITS.

Riche de tous les dons des muses et des graces,
   Les doux attraits se fixaient sur vos traces;
En vous l'on retrouvait cet assemblage heureux
   Que chez Pandore ont vanté nos aïeux;
Il vous manquait seulement une lyre :
     Mais l'amour, ce maître des dieux,
     L'amour, qui dans vos traits respire,
   A réparé le seul oubli des cieux,
Et dans vos mains, avec un doux sourire,
     Lui-même a déposé sa lyre.
     A vos accents mélodieux
   On sent le dieu qui les inspire.
Reconnaissez ses soins officieux,
Restez toujours soumise à son empire.

A Mlle M.,

EN LUI PRÉSENTANT DES FLEURS.

Veuillez, aimable Joséphine,
D'un souris accueillir ces fleurs ;
Leur velouté, leur couleur purpurine,
Font aisément reconnaître vos sœurs.
   Mais non : plus belle et plus touchante,
   Vous brillez, objet gracieux :
Un matin a fané leur éclat à nos yeux,
  Et tous les jours vous rendent plus charmante.

COUPLETS

CHANTÉS AU MARIAGE DE MADEMOISELLE A.

Célébrez le jus de la treille,
Favoris joufflus de Bacchus;
Moi, je préfère à la bouteille
Un doux sourire de Vénus.
Je dirai seulement les charmes
Que nous promet le tendre amour,
Et que, sans remords, sans alarmes,
L'hymen réalise à son tour.

Sous l'empire de Cythérée
Lié par d'aimables serments,
Au sein d'une épouse adorée
Quand verrai-je couler mes ans!
Le vrai bonheur est dans les charmes
Que nous promet le tendre amour,
Et que, sans remords, sans alarmes,
L'hymen réalise à son tour.

Du célibat seul et tranquille
Qu'on ne vante point le repos :
Dans cette existence stérile
Est peint le calme des tombeaux.
Jamais y connut-on les charmes
Que nous promet le tendre amour,
Et que, sans remords, sans alarmes,
L'hymen réalise à son tour?

Quand le temps, d'une aile légère,
Sera venu glacer mes sens,
Une illusion douce et chère
Rallumera mes sentiments.
Je rêverai toujours les charmes
Que nous promet le tendre amour,
Et que, sans remords, sans alarmes,
L'hymen réalise à son tour.

Couple heureux ! dont la destinée
Va se filer par le bonheur,
De votre union fortunée
Goûtez, savourez la douceur;
Ne respirez que pour les charmes
Que vous promit le tendre amour,
Et que, sans remords, sans alarmes,
Hyménée acquitte en ce jour.

COUPLETS

POUR LA FÊTE DE MADAME L.

Quand ce jour vient nous ramener la fête
De la beauté, de l'aimable pudeur;
Lorsqu'à l'envi chacun joyeux s'apprête
A vous offrir l'hommage de son cœur;

Permettez-moi, sémillante Marie,
D'unir mes vœux à des vœux si touchants :
Ah! puissent-ils, de la plus belle vie
Accroître encor le bonheur et les ans!

Épouse, fille, et glorieuse mère,
On vous célèbre ici sur divers tons.
Femme charmante, et trop habile à plaire,
D'un doux regard accueille nos chansons.

Que l'amitié, l'amour et la tendresse
Viennent constants, après soixante hivers,
A pareil jour saluer ta vieillesse,
Et répéter nos vœux et nos concerts.

D.

A. M. B.,

QUI, JOUANT SUR MON NOM, M'ATTRIBUAIT UNE
ROMANCE ANONYME, COMMENÇANT AINSI :

« Le sommeil fuit ma brûlante paupière,
« Fièvre d'amour consume tous mes sens. »

A ma veine faible et stérile
J'entends insulter un fripon
Dont la lyre aimable et facile
Des graces est montée au ton.
Au désordre, aux feux, au délire,
Qu'exprime maint couplet charmant,
Le perfide, avec un sourire,
S'écrie : Il décèle un ARDENT.

Puisqu'à cette brûlante flamme,
Brossais, tu reconnais mon cœur,
J'en conviens, au fond de mon ame
Fermente l'amoureuse ardeur.

Mais de chanter avec aisance
Comme toi n'ai reçu le don,
Et ton agréable romance
Flatterait trop mon Apollon.

A DES DAMES,

QUI ME DEMANDAIENT DES VERS SUR L'AMOUR ET LA PEUR.

De marier l'amour avec la peur
Gardez-vous bien, mesdames, je vous prie.
Le fier Amour jamais n'embrase un lâche cœur,
La peur est de l'amour la mortelle ennemie.

A Mlle I.,

PEINTRE EN MINIATURE,
SUR CE QU'ELLE FLATTAIT SES PORTRAITS.

Jeune Iazer, ô vous dont le savant pinceau,
 Toujours fidèle à la nature,
 Sait l'embellir, et d'un charme nouveau
Des plus fières beautés décore la figure,
  D'où vous vient l'art ingénieux,
  L'art de mentir sans imposture ?
 C'est le secret de l'Olympe et des dieux.
  Les dieux, dans leur munificence,
  Mirent leurs soins à vous former ;
  Doux objet de leur complaisance,
Esprit, graces, talents, candeur, don de charmer,
Ils vous ont tout donné ; bien plus, leur bienveillance
S'est étendue à ceux qui vous approcheraient :
Ils ont voulu qu'en vous une heureuse influence
Palliât les défauts qu'ils leur imposeraient.
  C'est ainsi qu'à votre présence,
  Chacun respire le bonheur,

Que la gaieté succède à la mélancolie,
Que le plaisir au fond du cœur
Épanouit la physionomie,
Et relève du teint l'éclat et la fraîcheur.
De là, cette beauté que la main du génie
Imprime à vos tableaux parlants,
Ces regards, ce feu, cette vie,
Expression des plus doux sentiments,
Dont près de vous l'ame est remplie.
En vous quittant, peintre charmant,
Hélas! on perd ces avantages;
Mais ils restent à vos ouvrages,
Et l'on accuse le talent
D'avoir flatté les personnages.

A LA MÊME,

EN LUI ADRESSANT LE PRIX DE MON PORTRAIT.

De vos soins et de vos talents
L'or ne peut être le salaire,
Il n'est même de vos moments
Qu'une récompense légère.
Mais je puiserai dans mon cœur
Pour dignement vous satisfaire,
Si vous trouvez de la douceur
Dans l'amitié tendre et sincère.

A LA FONTAINE FERRUGINEUSE
DE PLOMBIÈRES,

LONG-TEMPS NÉGLIGÉE, ET LAISSÉE SANS INSCRIPTIONS,
AU CONTRAIRE DES SOURCES THERMALES.

Fontaine bienfesante et pure,
Qui, sans éclat et sans murmure,
T'écoules humblement sous cet ombrage heureux,
Nourrissant, au milieu des feux [1],
Une douce fraîcheur sur la tendre verdure;
Riche des seuls présents des cieux,
Pourquoi sur ce rivage aimable
Ton onde secourable
N'a-t-elle encore attiré que nos vœux?
Tu sais des ans modérer les outrages;
Des voluptés, du plaisir séducteur

---

(1) Allusion aux sources thermales, qui abondent à Plombières. La chaleur de ces thermes est restée, à ce qu'il paraît, un secret de la nature. Je l'attribue ici, avec le vulgaire, à des feux souterrains.

Tu peux réparer les ravages,
Et d'un corps énervé rappeler la vigueur.
Par toi, le flambeau de la vie
Languissant, presque éteint, brille de feux nouveaux,
Un sang plus généreux circule en nos vaisseaux
Et la vierge, en sa fleur, desséchée et flétrie
Voit bientôt sur ses lis la rose épanouir,
Rose exquise! ardemment enviée et chérie!
Qu'Amour guette et déja se dispose à cueillir.
Va, désormais brille dans l'avenir,
Naïade aimable et salutaire;
Aux malheureux sois toujours chère;
Pour eux toujours épanche les trésors
De ton urne féconde,
Et qu'en s'abreuvant de ton onde,
Ils boivent la santé sur tes modestes bords.
Tu jouiras de leurs transports.

COUPLETS

CHANTÉS AU BASSIN DE PLOMBIÈRES [1].

Vous qui, pour ces eaux salutaires,
Avez quitté pays lointain;

(1) Plombières, dans les montagnes des Vosges, est célèbre par ses thermes et ses eaux minérales. On y prend les bains ou dans des baignoires particulières, ou dans divers bassins publics. Ici, on est pêle-mêle, sans distinction d'âge ni de sexe. La toilette aussi y est uniforme : elle consiste en une longue et ample chemise de grosse toile grise ou de flanelle. Cette communauté de bain et cette unité de costume entre les deux sexes, qui sembleront sans doute étranges, sur les lieux n'ont rien de choquant; c'est l'usage, et l'on s'y habitue vite.

Cependant ces bassins deviennent souvent des salons agréables, où se trouve réunie la plus aimable société. À l'enjouement, à la gaieté franche et toujours décente, qui règne parfois dans la république baignante, on croirait assister à une fête, plutôt qu'à de pénibles et douloureux exercices; on oublie ses maux, et, pour plus d'un malade peut-être, cet heureux oubli est-il le remède le plus efficace.

Qui, sur ces rives étrangères,
De vos maux poursuivez la fin ;
Baignants, oubliez vos disgraces,
Loin de vous l'inquiet chagrin :
Dans ces lieux, sur les pas des graces,
Vous trouvez l'amour médecin.

Du dieu qu'adorait Épidaure
Laissant le froid, la gravité,
Le docteur qu'içi l'on implore,
En riant vous rend la santé.
Beaux yeux, aimable négligence,
Doux embarras, souris divin,
Sont l'instrument de la science
De notre habile médecin.

Pour attirer la bienveillance
De ce maître des immortels,
Avec une mâle assurance
Brûlez l'encens sur ses autels.
Jurez que discrets, et fidèles
Aux réglements de ce bassin,
Vous consacrez toujours aux belles
Les bienfaits du dieu médecin.

COUPLETS

CHANTÉS A PLOMBIÈRES, EN 1810,
DANS UNE FÊTE DONT ÉTAIT, AVEC M. DE BOUFFLERS,
M. CASTRO, VIRTUOSE ESPAGNOL.

Rions, chantons, amis fidèles,
Égayons cet heureux festin;
Célébrons l'amour et les belles,
Célébrons encor le bon vin.
Hommage au dieu de l'harmonie,
Qui pour Castro descend des cieux !
Hommage à l'aimable génie
D'Aline chantre gracieux !

Brillants élus de la victoire,
Braves et généreux guerriers,
Un instant oubliez la gloire,
En myrtes changez vos lauriers.
Buvez, chantez, amis fidèles,
Égayez cet heureux festin;

Célébrez l'amour et les belles,
Célébrez encor le bon vin.

Pour vous que la douleur dévore,
Qu'elle accable d'un poids fatal,
Implorez les dieux que j'implore,
Ils vous enlèveront au mal.
Ensemble, ô mes amis fidèles!
Égayons cet heureux festin,
Invoquons l'amour et les belles,
Invoquons le dieu du bon vin.

Beautés modestes et touchantes,
Qui par-tout régnez sur les cœurs,
C'est dans vos graces séduisantes
Qu'est le vrai baume à nos douleurs.
Souffrez qu'à vos attraits fidèles,
Nous chantions toujours en refrein :
Vive l'amour! vivent les belles!
Et vive le dieu du bon vin!

AMENDE HONORABLE

CHANTÉE A PLOMBIÈRES, DU CABINET OU JE ME BAIGNAIS SEUL, EN 1811, AUX DAMES BAIGNANT AU BASSIN, QUI, POUR UNE AGRESSION INVOLONTAIRE, M'AVAIENT MENACÉ D'UN DÉLUGE D'EAU SUR LA TÊTE.

Femmes, société charmante,
Qui folâtrez dans ce bassin,
Dont les jeux, la gaieté piquante
Ajoute à la vertu du bain,
Pourquoi d'un baignant solitaire
Accroître encor le noir chagrin,
Et punir la faute légère
Qu'il commit et pleura soudain?

Hors du sanctuaire des graces,
Seul et reclus dans sa prison,
C'est déja trop de ces disgraces,
Il mérite compassion.
Laissez donc la trombe effroyable
Dans vos mains tout près d'éclater;

A bien assez le pauvre diable
D'autres soucis à supporter.

Loin de vous, bien loin la vengeance
Qu'hier vous souffla le courroux;
Contre un ennemi sans défense
Quel honneur prétendriez-vous?
Cherchez ailleurs un cœur rebelle,
Que bientôt il cède à vos coups :
Le mien toujours sera fidèle
A vos charmes vainqueurs et doux.

IMPROMPTU

SUR UNE RÉPONSE DE MADAME B.
AUX COUPLETS PRÉCÉDENTS.

Nymphe polie et gracieuse,
Recevez mes remerciements.
De répondre à chanson flatteuse
J'eus le projet quelques instants :
Mais à céder à cette envie
Mon cœur me sollicite en vain :
En vous lisant, la jalousie
A brisé mon luth dans ma main.

A M. G.,

LORS DE SON DÉPART DE PLOMBIÈRES, EN 1810.

Lorsque du sort la rigueur est extrême,
　　Lorsque, jaloux de mon bonheur,
Il épuise sur moi les traits de sa fureur;
Qu'il m'enlève aujourd'hui la moitié de moi-même,
　　Et la moitié la plus chère à mon cœur;
Quand je gémis, de pleurs abreuvant ma douleur
O mon ami! toi seul sais apaiser mon ame,
　　Par l'espérance du retour.
Nous nous réunirons, tu l'assures, un jour.
　A cet espoir, qui me berce et m'enflamme,
Oui, Giraud, je me livre. Et toi, qu'en ce séjour
Où l'hiver te rappelle, et peut-être l'amour,
D'une amitié sincère alimente la flamme.
Tu me dois en tendresse un immense retour,
　Et mon cœur, sans remise, à ton cœur le réclame.

ÉLÉGIE

SUR LE DÉPART DES ÉTRANGERS DE PLOMBIÈRES, EN 1810[1].

L'ASTRE des cieux, descendant sa carrière,
Obliquement nous darde ses rayons;
Prodigue ailleurs de sa vive lumière,
Il s'avance à grands pas vers un autre hémisphère,
Et chaque jour encor l'éloigne de ces monts.
   Tout en gémit, et la terre attristée
   En jours de deuil voit changer ses beaux jours,
      Ces jours brillants où les amours,
      Suivis de la troupe enchantée
Des ris, des jeux, erraient dans nos séjours,
    Et cherchaient le frais et les ombres
     Dans les mystérieux détours
     De nos bois paisibles et sombres.
    Alors l'haleine des zéphyrs
Dans un treillage vert murmurait des soupirs;

---

(1) J'étais, à cette époque, attaché à Plombières comme receveur de l'enregistrement.

Les échos, d'une voix touchante,
Exprimaient le feu des desirs,
Et sur la verdure naissante
Voltigeait l'essaim des plaisirs.
Les oiseaux, de leur doux ramage,
Égayaient ces heureux vergers;
Des chansonnettes des bergers
Retentissait l'humble bocage.
Maintenant tout s'empreint d'un air rude et sauvage;
Tout change, tout se tait. La nature pâlit,
Elle a perdu l'éclat de sa parure :
Sur ses rameaux le feuillage jaunit,
Flore ne brille plus sur ces lits de verdure,
Le gazon se fane et languit.
De noirs et sinistres nuages
Nous dérobent l'azur des cieux;
Déja les autans furieux
Nous menacent de leurs ravages :
J'entends leurs affreux sifflements,
De leurs fureurs fatals présages.
J'entends les sourds mugissements
Des fougueux et cruels torrents,
Qui s'élancent de leurs rivages
Pour courir désoler nos champs.
Aux regards consternés l'hyade pluvieuse
Proclame la noire saison.

Chacun s'enfuit ; sur une rive plus heureuse
    On court oublier ce vallon.

Moi seul, triste jouet de l'aveugle fortune,
Je dois ici traîner une vie importune.
De rivages lointains exilé dans ces lieux,
J'appelle en vain les bords où j'ai reçu la vie ;
    Mon cœur malade et dévoré de feux
En vain soupire après une mère chérie :
Le sort m'est inflexible autant que rigoureux.
Cependant, loin du toit qu'habitaient mes aïeux,
Loin des champs fortunés de ma chère patrie,
Un instant j'ai goûté l'ivresse du bonheur.
L'amour et l'amitié consolèrent mon cœur.
Il fut encor flatté de l'accueil que les muses,
    Par un de leurs chers nourrissons,
    Ont daigné faire à mes chansons :
    O Boufflers, reçois mes excuses
    Si j'ose ici mettre ton nom ;
    Si l'amour fut mon Apollon,
    Un secret desir de te plaire
    Assura ma marche légère
    Dans les sentiers de l'Hélicon.
    Mes vers ne font rien à ta gloire,
Ton nom peut les porter au temple de mémoire.
    Mais ces instants délicieux,

LIVRE II.

Ces éclairs de bonheur ont passé comme un songe
Qui ne laisse après lui qu'un souvenir douteux ;
A mon ame étonnée ils semblent un mensonge.
On part, et, loin de moi, mes trop heureux amis
Pourront trouver la joie au sein de leur pays !...
Peut-être ils oublieront qu'en cette âpre contrée
Ils laissent un ami sensible, vif, ardent,
Qui partagea leurs maux, leur plaisir innocent,
Qui toujours leur conserve une amitié sacrée.
Pour les punir, ô ciel, (sois propice à nos vœux!)
Épuise le trésor de tes bienfaits sur eux ;
Ne leur refuse rien qu'une santé parfaite.
Qu'alors, pour la trouver, retournant dans ces lieux,
Leur cœur de l'amitié sente encore les feux,
Qu'ils doivent à ces feux leur guérison complète.
Et toi, divin objet de la plus tendre ardeur,
  O ma jeune et céleste amie !
  Toi, dont les graces, la candeur
 Ont rappelé dans mon ame ravie
D'un feu que j'abjurais la cuisante douceur,
  Tu pars... tu pars... et dans mon cœur
Se brise le lien qui m'attache à la vie.
J'ignore, malheureux ! si ton ame attendrie
  Partage mes transports brûlants ;
  Si, l'amour régnant sur tes sens,
 D'un doux retour ma tendresse est suivie.

Sans toi, l'ennui, les regrets dévorants
    Vont flétrir mes belles années ;
    Hélas ! peut-être avant le temps
    Qu'ils trancheront mes destinées.
Mais que vais-je prévoir un malheur qui n'est pas !
Le printemps suit toujours l'hiver et les frimas.
    Avec lui ma douce maîtresse
    Reviendra réjouir ces lieux ;
Ah ! puisse-t-elle enfin y connaître l'ivresse,
L'ivresse que mon cœur a puisé dans ses yeux !
Vous reviendrez aussi, mes amis généreux...
    Mon sein frémit d'espoir et de tendresse.

ENVOI A Mme DE BOUFFLERS.

O vous chez qui l'indulgence,
Unie aux graces, aux talents,
Peut-être avec trop d'assurance
Me fait vous dédier ces chants,
Daignez accorder un sourire
A ces sons plaintifs de ma lyre.
Bien moins heureux, bien moins touchants
Que ces doux, ces tendres accents
Qu'au loin votre muse soupire

Pour un rosier faible et tremblant [1]
Que défend en vain le zéphyre
Contre l'effort de l'orage et du vent;
Ils méritent de vous un regard caressant,
Car le cœur seul me les inspire.

(1) Allusion à une romance que madame de Boufflers adressa, pendant son émigration, à madame de Custine sa fille, restée en France, exposée aux fureurs de la tempête révolutionnaire. Cette touchante allégorie commence ainsi :

Est bien à moi, car l'ai fait naître,
Ce beau rosier, etc.

A M. J.,

OFFICIER DES DRAGONS DE LA GARDE,
LORS DE SON DÉPART DE PLOMBIÈRES, EN 1810.

Daigne agréer, ami brave et loyal,
Les adieux d'un ami, ton compagnon féal
    Dans un séjour délicieux naguère,
Le plus triste aujourd'hui de ceux de notre sphère.
Après mille départs, tous cruels à mon cœur,
    Qui me laissaient en proie à la tristesse,
Tu me restais, Jomard, et la douce alégresse
Près de toi succédait à ma sombre douleur.
      Ton entretien plein de douceur,
      De franchise, de modestie,
    Sut consoler, sut embellir ma vie.
    Tu pars... Hélas! de ces moments heureux
      Je n'ai donc que la souvenance!...
    Je ne vis plus, dans ce désert affreux,
      Que par la flatteuse espérance
De voir le doux printemps ramener dans ces lieux
Mes sensibles amis, nos plaisirs et nos jeux.

J'espère aussi, durant l'absence,
De vivre dans ton souvenir;
Mon cœur m'en donne l'assurance,
Ce cœur navré que cette confiance,
Ce penser consolant peut seul épanouir.
Adieu donc, ami; pars. Qu'un riant avenir,
Un avenir brillant comme ton ame est pure,
Préside à tes destins, les règle et me rassure.
La gloire et les plaisirs, les amours délicats,
Par-tout, joyeux et fiers, vont devancer tes pas.
Pour la triste amitié, par le sort retenue,
Rêveuse, solitaire, éplorée, éperdue,
Reléguée à jamais peut-être en ces climats,
Son temple est dans mon cœur, là tu la trouveras.

A M~me~ JOSEPH BONAPARTE,

PENDANT SON SÉJOUR AUX EAUX DE PLOMBIÈRES,
EN 1811 [1].

R<small>EINE</small>, dont la bonté propice
Attire et gagne, attache tous les cœurs,
Et qui, sans faste, sans caprice,
Planez au-dessus des grandeurs ;
Sublime et simple, et noble et gracieuse,

---

(1) Ce placet n'a jamais été présenté. Je le composai avec cette confiance présomptueuse d'un jeune homme ardent, qui croit tout ce qu'il desire, et devant l'impatience duquel toutes les difficultés s'aplanissent. Mais à peine je l'eus achevé, que je n'en espérai plus rien. Je le gardai en conséquence long-temps, sans pouvoir me résoudre à le remettre. Enfin, encouragé par un ami respectable (M. le curé Maffioli), je le confiai, la veille de son départ seulement, à un personnage de cette cour; et, depuis, je n'en ai su aucune nouvelle; je doute même qu'on l'ait ouvert.

Cependant ceux qui me connaissent bien, qui ont vu la haine réfléchie et profonde que je portais à l'oppres-

Et cependant toujours majestueuse,
Vous honorez le sceptre souverain,
Ce sceptre que le ciel a mis en votre main
Pour réparer un jour, dans l'Ibérie heureuse,
Des peuples égarés le funeste destin,
Et des sanglants combats la fureur désastreuse.
Il n'est pas loin ce jour : déja de toutes parts

seur de ma patrie [a], s'étonneront sans doute que cette pièce soit sortie de ma plume. Mais je les prie de considérer que c'est à une femme qu'elle est adressée, une femme estimable, qui loin d'être vaine des faveurs de la fortune, en gémissait, disait-on, en secret; qui se montra toujours simple, accessible, affable et vraiment supérieure à ses fortunes diverses. Quelque exagérés que paraissent donc les éloges que je lui donnais ici en poëte, ils n'ont pas besoin de justification, ils ne m'avilissent point.

Quant à son mari, je lui suppose les vertus d'un roi,

---

[a] Voyez mon opuscule sur les élections et sur les finances, imprimé en 1816, sous les initiales A. d. P., qui se trouve, à Bordeaux, chez Lavigne, et à Paris chez le Normant. Si cet écrit, dont je ne me dissimule point la faiblesse, ne prouve dans son auteur ni une grande expérience des hommes, ni de profondes connaissances politiques, il montre au moins un cœur français, et tous les sentiments qu'il exprime sont ceux d'un bon, d'un vrai patriote. C'est ce qui m'enhardit à le rappeler ici.

Croulent les rebelles remparts ;
Déja de l'étranger, ce superbe auxiliaire,
L'étendard menaçant, couché sur la poussière,
Lui fait précipiter un périlleux départ.
En vain s'agite, en vain rugit le léopard,
On le pousse, on l'enchaîne, on l'arrache à la proie
Qu'absente, dans sa rage, il mâche encore et broie.

d'un bon roi, cela est vrai : mais ces vertus ne sont qu'hypothétiques dans mes vers, comme le bien qu'il y opère est tout dans l'avenir. Certes, je ne pense pas que ce soit là non plus le langage de l'adulation. Plût à Dieu, pour la gloire des princes et le bonheur des peuples, que les courtisans n'employassent jamais que ce genre de flatterie!

Après tout, je conviendrai qu'en 1811, ignorant la plupart des forfaits de Bonaparte, et les circonstances horribles de ceux commis à la face des nations, et que déguisaient ou coloriaient les journaux, j'étais, comme tant d'autres, ébloui par l'éclat de ses victoires; ma jeunesse ne le voyait qu'environné de sa gloire, et à travers ce prisme trompeur, je l'admirais sans l'aimer; je le croyais nécessaire à la tranquillité publique, et lui savais gré de nous avoir arrachés de l'anarchie. Il n'avait pas d'ailleurs comblé encore la mesure de ses extravagances, ni appelé sur la France ces calamités pour elle inouïes jusqu'alors, qui, en le précipitant d'un trône où il n'aurait dû jamais s'asseoir, nous ont rendu notre bon roi, ce prince généreux et sage, fondateur immortel de la liberté française.

Tout cède enfin. L'Anglais, confus et frémissant,
A flots tumultueux roule vers l'Océan,
S'embarque et fuit. Il fuit : mais le dieu de la guerre,
Bientôt, avec Joseph, s'élançant sur les eaux,
Le poursuit, et punit son espoir téméraire,
Et ses noirs attentats, et l'opprobre et les maux
Du système oppresseur qu'il impose à la terre.

L'ange de paix alors glisse sur l'hémisphère,
S'avance, et d'un souris caressant le héros,
« De tes sujets, dit-il, le vainqueur et le père,
« Tel que le grand Henri, de l'immortel laurier
« Soulage ce front calme et rayonnant de gloire ;
« Oublie et tes travaux, et jusqu'à ta victoire,
« Apprends à cultiver le céleste olivier.
« Les temps sont accomplis : l'Espagne doit renaître ;
« Les myrtes, dans les champs, remplaçant les cyprès,
« L'abondance et la joie ensemble y vont paraître,
« Et le peuple en tous lieux chantera tes bienfaits. »

   Ainsi parle l'ange de paix.
La persuasion découle de sa bouche.
O reine ! il avait pris votre voix et vos traits.

   A ce discours, qui le flatte et le touche,
Le monarque tressaille, et son cœur paternel

Déja promet à tous un pardon solennel.
Clément et généreux, abjurant la vengeance,
Et le ressentiment, et le courroux cruel,
    Il s'enivre de l'espérance
D'appeler sur son peuple un bonheur éternel.
Mais toujours d'un bon roi les projets réussissent :
Joseph est exaucé, ses sujets le bénissent ;
L'état a revêtu son antique splendeur,
Par-tout l'agriculture et les beaux-arts fleurissent,
Et d'un règne chéri proclament la douceur.
    O magnanime souveraine!
O de l'humanité le refuge et l'honneur!
Alors, dans votre immense et fortuné domaine,
En voyant tous les cœurs apaisés et joyeux,
    Vous n'aurez plus à former d'autres vœux
Que de trouver encore à guérir une peine,
    Pour de nouveau faire un heureux.
Hé bien, puisqu'obliger est si doux à votre ame,
    Puisque, semblable à la Divinité,
En vous sont réunis le pouvoir, la bonté,
J'ose m'abandonner à l'espoir qui m'enflamme,
    Et vaincre ma timidité.
Reine, pardonnez-moi mon extrême assurance,
    Excusez ma présomption :
Un rêve m'a flatté de votre bienveillance,
Et ma vive et crédule imagination...

Elle m'abuse... hélas! c'est un mensonge.
Tant d'heur et tant d'honneur peut-il être qu'un songe!
Ah! si je méritais votre protection;
Si dans la lice obscure ouverte à ma jeunesse,
Vous ne dédaigniez point d'étayer ma faiblesse,
De mes plus fiers rivaux marchant à la hauteur,
 Je franchirais l'espace avec vitesse,
Et sortirais soudain glorieux et vainqueur.
Cependant l'amour pur comprimé dans mon ame,
Au flambeau de l'hymen vivifierait sa flamme;
 Du sort tomberait la rigueur,
Et je pourrais connaître et sentir le bonheur.

Mais je n'oublierais point l'auguste bienfaitrice
Qui sait du rang suprême adoucir la splendeur,
Et qui, jetant sur moi des regards de faveur,
M'aurait tendu l'appui de sa main protectrice.
 Non, non. Un souvenir flatteur,
 Un souvenir cher à mon cœur
Embellirait toujours mon heureuse existence,
 Et la douce reconnaissance
 En m'élevant doublerait mon bonheur.

ÉPITHALAME

POUR MADEMOISELLE G.

Jeunes amours, et toi, reine des graces,
Et toi, riant hymen, qui te plais sur leurs traces;
Et toi, douce tendresse, et vous, transports brûlants,
Toi, pieuse amitié, baume des maux cuisants;
Charme délicieux d'une ardeur mutuelle,
Charmes, touchants attraits d'une flamme éternelle;
Vous tous, dieux bienfesants, qui, du sommet des cieux,
Dispensez le bonheur aux mortels vertueux,
Vous qui multipliez notre vie et notre être,
Descendez, ici-bas vos fêtes vont renaître.
 Abandonnez le céleste séjour,
  Venez, divinités propices,
  Que sous vos fortunés auspices
  S'ouvre et finisse un si beau jour.

 Des longs ennuis d'une liberté vaine
La charmante Sophie a rejeté le poids,
D'amour, en souriant, elle adopte les lois,

Et de l'hymen joyeux elle subit la chaîne.
    Abandonnez le céleste séjour,
      Venez, divinités propices,
      Répandez toutes vos délices
Sur l'heureuse union qu'éclaire ce beau jour.

Long-temps, ah! trop long-temps cette beauté sauvage
    Brava le dieu qui règne sur les cœurs.
    Fier, et terrible alors que l'on l'outrage,
Ce dieu veut la livrer à ses propres rigueurs.
Dans son dépit amer, et pleurant ses disgraces,
A l'insensible il croit retirer ses faveurs,
Et venger de la sorte et consoler ses pleurs.
Vains projets! qu'aisément déjouèrent les graces.
Mais enfin il triomphe, et Sophie aujourd'hui
Reconnaît un vainqueur et se soumet à lui.
    Abjurant son indifférence,
Et d'une solitaire et triste indépendance
Les regrets importuns, le vide, les dégoûts,
Elle vient de l'amour implorant la clémence,
Brûler sur ses autels un encens pur et doux.
Il est donc vrai, tout cède, Amour, à ta puissance?
Hélas! jamais ton arc ne se tendit en vain,
Jamais tes traits vainqueurs ne trompèrent ta main.

Cependant l'immortel de la beauté timide

Rassure la craintive ardeur;
Si d'un feu pudique et rapide
Pour le sage Édouard il embrase son cœur,
Édouard est commis au soin de son bonheur.
O faveur de l'amour! ô sort digne d'envie!
Trop heureux Édouard! dans quelle volupté,
Dans quels torrents de joie et de félicité,
Par ce dépôt flatteur que l'amour te confie,
Tu verras s'écouler ta vie!
Mais tu le rempliras ce vœu cher à l'amour,
Oui, tu sauras suffire au bonheur de Sophie;
Et, par un aimable retour,
Tu verras de tes soins ta Sophie attendrie,
Faire à jamais le charme et l'orgueil de tes jours.

Radieux habitants des célestes séjours,
Divinités des amants protectrices,
Sur ce couple chéri daignez veiller toujours,
Prodiguez-lui sans fin vos plus pures délices.

VERS

AU NOM DE MADAME A. D. P.,

A MADEMOISELLE DE C.,

EN LUI ENVOYANT UNE BAGUE,
LE JOUR DE SON DÉPART POUR LE COUVENT.

Charmante fille d'une mère
Pleine de graces et d'attraits,
Vous nous peignez déja les traits
De son aimable caractère.
Bonté, franchise, esprit sans fard,
Candeur, bienveillance sincère,
Délicatesse, don de plaire
Sans artifices et sans art,
Tout ce qu'en cette tendre mère
Ou l'on admire, ou l'on chérit,
Chez vous, par droit héréditaire,
Déja brille et se réfléchit.
Puisqu'elle est le touchant modèle
Qu'en toi tout nomme, tout rappelle,

Heureuse enfant! sois donc, sois aussi de moitié
Dans les doux sentiments que je nourris pour elle.
Avec elle partage et goûte l'amitié,
L'ingénue amitié dont la paisible flamme
S'alluma dans mon sein par ses soins gracieux;
    Et lorsque, trop loin de nos yeux,
Tu vas développer les trésors de ton ame,
   Ma jeune amie, emporte au moins mes vœux;
   Ils hâteront ton retour en ces lieux.

   En attendant, de ma tendresse
   Reçois ce faible souvenir,
   Que mon cœur seul ici t'adresse;
   D'un souris veuille l'accueillir.
   Qu'il te remémore sans cesse
   L'émotion et le plaisir
   Que je ressens à te l'offrir.

A M. LAFITE,

SOUS-PRINCIPAL DU COLLÉGE DE SAINT-SEVER,
LE JOUR DE SA FÊTE, EN 1819.

D'un ami fidèle et sincère
Recevez les faibles tributs.
Ma muse libre et familière,
Dédaignant des soins superflus,
Aujourd'hui, d'accords impromptus,
Et négligée et sans parure,
Sans art, sans aucun ornement,
Mais naïve, mais vraie et pure
Comme l'aimable sentiment,
Le sentiment doux qui l'inspire
Et vers vous m'appelle et m'attire;
Ma muse, avec effusion,
Dans l'heureux transport qui l'entraîne,
Légère, et sans prétention,
Peint les charmes de l'union
Qui l'un à l'autre nous enchaîne.

Si, comme je n'en doute pas,
L'amitié s'est ouvert votre ame;
Si, plein de ses feux délicats,
Votre cœur en chérit la flamme;
En un mot, d'un égal retour
Si vous me payez ma tendresse,
Vous ne verrez point la faiblesse
De ces vers, qu'en hâte, en ce jour,
Sans artifice et sans détour,
Je vous ébauche et vous adresse.

Mais bien vous entendrez mes vœux,
Que rien ne farde et ne déguise :
Puisqu'entre nous tout sympathise,
Plus simples ils vous plairont mieux;
Connaissant, goûtant ma franchise,
Ils seront fervents à vos yeux.
D'ailleurs, pour un ami que j'aime
Quand j'invoque, implore les cieux,
C'est toujours d'une ardeur extrême,
J'entre pour moitié dans mes vœux :
Car le moyen de vivre heureux
Si votre ami ne l'est lui-même?

BILLET A M. FOUCAUD,

EN LUI RENVOYANT UNE FABLE TENDANTE A RESSUSCITER
EN FRANCE L'ESPRIT NATIONAL,
ÉCRASÉ PAR LE DESPOTISME, EN JANVIER 1814.

De votre ingénieuse et noble allégorie,
Où l'attrait du plaisir gazant l'instruction,
Dans les cœurs abattus réveille l'énergie,
Je vous renvoie ici le précieux brouillon.

Sûr est l'effet de ce récit aimable,
Que seules ont dicté les graces, la raison.
Oui, tout bon citoyen, tout Français véritable,
De ce conte touchant entendra la leçon.

A LA FRANCE,

EN MARS 1815,

ODE ALLÉGORIQUE, IMITÉE D'HORACE.

Ainsi de nouveaux flots, ô vaisseau téméraire,
S'en vont te reporter au sein des vastes mers?
Quoi! nous verrions encor ton antique bannière
    A la merci des airs!

Demeure dans le port, infortuné navire,
Des cruels aquilons crains l'effort indompté.
Demeure, n'erre plus sur le mobile empire
    De Neptune irrité.

De rames dépourvu, dénué de cordages,
Et ton mât fracassé par les vents furieux,
Comment, hélas! comment conjurer les orages
    Que t'annoncent les dieux?

En vain espères-tu que ta poupe dorée,

Construite des hauts pins de la forêt du Pont,
Imposera toujours au courroux de Borée
    Sur l'Océan sans fond.

Ton pilote est troublé, tes antennes fléchissent,
Tes dieux... tu n'en as plus, ils ont quitté ton bord.
Abandonné, trahi, tes larges flancs gémissent,
    Vaincus enfin du sort.

Ne méprise donc pas mes avis salutaires,
O toi mon seul espoir, ma gloire, mes soucis!
Fuis les Cyclades, fuis loin des mers étrangères
    Qu'illustrent tes débris.

ODE

SUR LE DÉBARQUEMENT DE BONAPARTE

en 1815 [1].

Ce monstre barbare et féroce
Pétri du limon des enfers,

---

[1] Cette pièce, tout impromptue, a été composée dans la fièvre de l'indignation, après la nouvelle, dans le département des Landes, où j'étais alors, de l'occupation de Lyon par le tyran, et des mesures du gouvernement dans ces critiques circonstances. Elle fut ensuite imprimée et distribuée avec ma signature. Copie encore en fut adressée au Moniteur, avec prière de la publier; mais elle arriva trop tard.

Peu de temps après, je remis à M. le vicomte de Charrite, sous-préfet à Saint-Sever, homme judicieux, juste et modéré autant que dévoué à la dynastie légitime, administrateur intègre, bon, sensible, affable, à toute heure accessible, et partant généralement aimé et estimé, même de ceux d'une opinion opposée, je lui remis, en vue de seconder les nobles efforts de monseigneur le duc d'Angoulême, dans le midi, une

LIVRE II. 131

Ce monstre de qui l'ame atroce
Troubla, saccagea l'univers,
Gonflé de haine et de colère,
Du fond de son obscur repaire

somme de 100 francs, don bien modique sans doute, mais qui, dans ma position, fut un vrai sacrifice. Au reste mon but principal, en cela, était de piquer d'émulation des personnes riches, et en état de donner beaucoup plus en se gênant moins.

Si, plus tard, en proie à une maladie grave et dangereuse, je cédai à regret à des sollicitations réitérées, et signai, de mon lit, un serment dont la formule me semblait illusoire et insignifiante, j'expiai cette faiblesse par la fermeté de ma conduite ultérieure. Ni des invitations presque impérieuses, ni l'exemple de beaucoup d'honnêtes gens, dont l'opinion ne dut jamais être suspectée, ni des inquiétudes trop raisonnables sur l'avenir de ma naissante famille, ne purent me décider à accéder au fameux *acte additionnel*. Je refusai, avec la même obstination, le don volontaire que le préfet d'alors m'avait prétendu imposer, je dis *imposer*, par une circulaire que j'ai conservée. Bien peu de fonctionnaires peut-être osèrent, comme moi, résister à un homme qui, tout jeune encore, possédait à fond la science de l'arbitraire et du plus violent despotisme.

Enfin, après les journaux du 8 juillet, m'étant prématurément décoré de la couleur de notre bon et vaillant Henri, je fus arrêté et traîné, un quart d'heure durant, avec une épée nue suspendue sur ma tête, qui me

S'élance, écumant de fureur,
Et, dans sa course forcenée,
Il fond sur la France étonnée,
Que son aspect glace d'horreur.

venait incessamment chercher, agitée par les mouvemens convulsifs d'une fureur qui ne se contenait qu'avec effort. Mais tel est le calme d'une bonne conscience, qu'en un danger si imminent, je n'éprouvai aucune émotion. Bientôt le magistrat devant lequel je fus traduit eut la bonté de répondre de ma personne, et, après le départ de ces forcenés, de m'envoyer coucher chez moi.

En rappelant ici ces faits, je n'entends point leur donner une importance ou un mérite qu'ils n'eurent jamais à mes yeux; tant s'en faut, que je n'essayai en aucune manière de m'en prévaloir dans ces momens, inévitables après de grandes commotions politiques, où il est si aisé à l'intrigue de supplanter le mérite, de duper la justice et les intentions les plus pures du gouvernement. Je pense, au contraire, que je ne remplis qu'un devoir, parceque, selon moi, l'homme de bien, s'il doit dans les temps ordinaires demeurer paisible et tranquille, et confiant en la sagesse de celui qui, à la tête des affaires, voyant les choses de plus haut et dans leur ensemble, se trouve mieux que personne à même d'en apprécier les rapports, et d'en juger sainement, ce même homme de bien doit aussi, dans ces crises terribles qui attaquent au cœur la société, et la menacent d'une dissolution totale, il doit, dis-je, se montrer alors, et déployer ce qu'il a d'énergie, afin d'imposer aux fauteurs

> Tel que l'on voit de ses rivages
> Sortir un fleuve impétueux,
> Quand les torrents ou les orages
> Ont enflé son cours furieux,

du désordre et de l'anarchie, de rassurer et de conforter les faibles, et déconcerter les méchants.

Mais cette manière de voir n'est pas celle de tout le monde : et tels qui se cachaient au jour du danger, qui me taxaient de témérité et d'imprudence, et me reprochaient une exaltation trop vive, qui depuis m'ont regardé d'un œil méfiant, et qui m'auraient volontiers tenu pour un franc *jacobin*, parceque les *cent jours* me laissèrent mon attachement à la charte, mon admiration et mon amour pour l'auguste auteur de cet œuvre de sagesse, et que je souffrais impatiemment les propos plus qu'inconvenants et les vœux sacrilèges que proféraient ouvertement, contre le meilleur, le plus éclairé des rois, des insensés dont l'aigreur et la virulence ulcéraient, exaspéraient des cœurs qu'aurait apaisés le temps, ou conquis la clémence royale, secondée par la modération des vrais amis de la royauté; et ceux-là seuls seront toujours ses amis les meilleurs, qui cherchent, non pas à lui aliéner, mais à lui gagner les esprits.

Pour en revenir à moi, je fus toujours invariable dans mon opinion, toujours conséquent dans ma conduite, et avant, et durant, et depuis les *cent jours*. Je suis encore ce que j'étais avant l'attentat à jamais funeste du mois de mars 1815, attentat que l'impartiale histoire reprochera également peut-être à deux partis si contraires. J'exécrais, j'exé-

Et tel que ses eaux dévorantes
Roulent dans les mers gémissantes
Leurs flots chargés d'un noir limon ;
Ainsi vient le tyran funeste,
Aux bords qu'il souille et qu'il infeste
Versant la désolation.

Après lui les pâles alarmes,
La terreur morne et le trépas,
La vengeance aiguisant ses armes,
Se pressent, et vont à grands pas.
Encor dégouttant du carnage

cre dans Bonaparte l'affreux despotisme, la plus intolérable tyrannie ; je bénis, je bénirai toujours dans notre généreux monarque, le restaurateur de ma belle patrie, le fondateur immortel de la liberté en France. La LIBERTÉ ! que ce mot, bien compris, est magique ! qu'il résonne harmonieusement à mon oreille ! Mais cette liberté si douce, le premier bien, le besoin le plus pressant d'une ame élevée, que nos tristes divisions, la jalousie des uns, l'orgueil des autres, l'ambition, les prétentions exagérées et l'égoïsme de tous, nous empêcheront peut-être encore long-temps d'en jouir, dans la plénitude où elle nous fut donnée ! Enfin j'aime le sang bourbon, ce sang pur, antique et FRANÇAIS à qui doit la France un Louis XII, un Henri IV, un Louis XVI, un Louis XVIII. J'aime la légitimité, qui nous donna de si bons rois, qui

Dont naguère il gorgeait sa rage,
Lui s'avance, affreux, incertain ;
Un noir pressentiment l'agite,
Mais le désespoir précipite
L'instant fatal de son destin.

Insensé ! de vastes promesses
Qui crut éblouir nos guerriers !
Qui crut, par d'infames largesses,
Flétrir leurs immortels lauriers !
Insultant jusques à la gloire
Que ces enfants de la victoire

nous en promet de semblables, et qui est d'ailleurs le plus fort garant de la tranquillité et de la prospérité publique, le véritable *palladium* de nos précieuses institutions. Amant passionné d'une liberté sage, et de l'égalité *légale*, son inséparable compagne, telles que nous les a promises la Charte, j'ai horreur du spectre farouche et sanglant, le hideux spectre de la liberté en 1793, et du nivellement anarchique, chimérique, absurde de cette déplorable époque.

Telle est ma profession de foi politique, développée plus au long dans la brochure que j'ai rappelée dans la note page 115 de ce volume. J'ai voulu la consigner encore ici clairement et franchement, avec les faits justificatifs, et pour cause : je dois tenir à ne passer que pour ce que je suis en effet.

Pour lui conquirent tant de fois,
Son exécrable perfidie
Soulève contre la patrie
Le souvenir de leurs exploits.

Mais l'armée, au devoir fidèle,
S'indigne, et, dans un noble élan,
Par ces mots confond le rebelle :
VIVE LE ROI ! MORT AU TYRAN !
Dès-lors, dans ces belles contrées
Où ses espérances frustrées
L'ont si follement rappelé,
Le Corse inquiet et parjure,
Au milieu de sa bande impure,
Erre, fugitif, isolé.

Il fut toujours lâche, le traître
Qui vend ou prête un vil secours
Contre sa patrie et son maître,
Auxquels il devait tous ses jours.
Ah ! par des accidents étranges,
S'il s'en trouva dans nos phalanges,
Honneur aux généreux soldats
Qui soudain les désavouèrent,
Et de leurs lignes repoussèrent
Ces sacriléges attentats !

Cependant l'armée épurée
Des transfuges déja punis,
Marche sous l'enseigne sacrée
Des lois, de l'honneur, et du lis.
A sa tête ses chefs sublimes,
Ces capitaines magnanimes
De la victoire heureux élus;
Fermes soutiens du trône antique,
Bientôt leur vaillance héroïque
Fera triompher ses vertus.

Mère de tous les temps féconde
En preux, en loyaux chevaliers,
La France, la reine du monde,
Se plaît à nombrer ces guerriers.
Avec orgueil, avec délices,
De ces belliqueuses milices
Elle voit les transports touchants,
Quand un roi libéral et sage
Confie à leur mâle courage
Le salut de tous ses enfants.

Mais déja leur zèle intrépide
A fait pâlir notre oppresseur;
Déja dans son cœur parricide
La rage fait place à la peur.

F.

Le lâche encor songe à la fuite,
Si la troupe qu'il a séduite
Ne croisait le fer sur son sein;
Car une triple expérience,
Cette fois, trompant sa prudence,
A su pénétrer son dessein.

Enfin, c'en est fait... Noble France,
O mon fertile et doux pays !
Tu gardes ton indépendance;
A tes pieds vois tes ennemis.
Graces à nos valeureux frères,
Dont les cohortes tutélaires
Remparèrent la liberté,
Les fers honteux de l'esclavage,
Non, ne seront point l'héritage
Qu'aura notre postérité.

STROPHES LYRIQUES

APRÈS LA BATAILLE DE MONT-SAINT-JEAN,

Air *du Réveil du peuple.*

Des maux de ma triste patrie
Le lâche et misérable auteur,
Éperdu, marchandant sa vie,
Déserte encor le champ d'honneur.
Il fuit seul; les dangers des braves
Qu'il laisse à la merci du sort
Pour lui ne sont point des entraves,
Il ne voit, ne craint que la mort.

Par une campagne fertile
Dirigeant son rapide essor,
Dans Lutèce il cherche un asile,
S'y jette et s'y dérobe encor.
Là, son cœur se livre à la rage :
Mandant ses pâles courtisans,
« De sang, dit-il, et de carnage
« J'ai toujours soif, chers partisans.

« C'est peu d'une armée abattue
« Par le fer de mes ennemis ;
« Non, ma fureur n'est pas vaincue,
« J'entends l'assouvir sur Paris ;
« Que dis-je ? sur la France entière :
« Que ne la puis-je anéantir !
« Quand je tombe, ma chute altière,
« Retentirait dans l'avenir. »

Ainsi parle ce monstre horrible,
Tels sont ses sinistres projets :
Mais une justice terrible
Préviendra ces affreux forfaits.
En vain ses infames complices,
Ce reste impur des jacobins,
Qu'attendent de honteux supplices,
Lui prêtent leurs bras assassins.

Égarée et sacrifiée
Par un noir, un vil scélérat,
Puis lâchement calomniée [1]

---

(1) On prétendit que le désastre de cette journée, à jamais déplorable, fut causé par une terreur panique. Une terreur panique !... Et de quelle armée !... Ses nobles débris épouvantaient encore et tenaient en suspens l'Europe coalisée.

Pour sauver l'honneur de l'ingrat,
Contre lui par-tout se déclare
La troupe, immobile d'horreur,
Qui veut, renversant le barbare,
Abjurer sa fatale erreur.

Oui, désormais à la patrie,
Au devoir, à l'honneur, aux lois,
Le soldat repentant s'écrie :
« Qu'il rentre, le meilleur des Rois !
« De nouveau qu'il répare en France
« Les maux qu'y versa l'étranger !
« Nous sommes sûrs de sa clémence,
« Son cœur ne sait pas se venger. »

A ces cris les peuples répondent.
Militaires et citoyens,
Tous s'embrassent, tous se confondent,
Par-tout les plus doux entretiens.
La discorde impie et farouche
Loin de nous porte ses poisons.
Ce cri seul part de notre bouche :
VIVENT LOUIS ET LES BOURBONS !

COUPLETS

POUR LA FÊTE DE M. ET DE MADEMOISELLE DE C.

EN 1819.

Chantez, amis, bande joyeuse,
Fétez un chevalier féal;
Que votre lyre harmonieuse
Peigne son cœur noble et loyal.
A ses vertus rendez hommage,
Célébrez-les avec transports,
Leur aimable et rare assemblage
Doit inspirer d'heureux accords.

Pour moi, vétéran de Cythère,
Fidèle à mes premiers penchants,
Je marche encor sous la bannière
Où j'ai vécu mes plus beaux ans;
Ans heureux! source de délice!...
Hélas! combien vite ils m'ont fui!
Mais, que dis-je? le ciel propice
Me les fait renaître aujourd'hui.

Donc profitant de cette ivresse,
Que bientôt je perds sans retour,
Oubliant la douce paresse,
Ma compagne de chaque jour,
D'une main tremblante et furtive
Des amours reprenant le luth,
A la beauté simple et naïve
J'offrirai mon dernier tribut.

O Tatia! fille charmante
D'une mère pleine d'attraits,
Ses graces, sa candeur touchante
Brillent aussi dans tous vos traits.
Fleur du matin, à peine éclose,
Vos parfums embaument les airs;
Sur vous l'innocence repose,
Et vous enchantez l'univers.

Les plaisirs et les jeux folâtres
A l'envi volent sur vos pas;
De leur reine amants idolâtres,
Les amours ne vous quittent pas.
Ce jour vient redoubler leur zèle :
Voyez-les, empressés, badins,
Cueillir la rose et l'immortelle,
Qu'au myrte entrelacent leurs mains.

Mais déja préte est leur offrande.
L'Amour sourit au milieu d'eux,
Portant une triple guirlande,
Qu'agite Zéphyre amoureux.
Leur cortège vers vous s'avance,
Présente et laisse à la beauté
La couronne de l'innocence,
Des graces, de la volupté.

A MA MÈRE,

LE JOUR DE SA FÊTE, 25 NOVEMBRE 1820,
APRÈS UNE LONGUE ABSENCE.

J'ai souvent consacré ma lyre
Au dieu du plaisir et des jeux ;
Long-temps de l'amoureux empire
Je chantai, célébrai les feux.

Aujourd'hui je fête une mère....
Ah ! puissent mes tendres accords
D'un amour ardent et sincère
Seconder les pieux transports !

Après dix siècles de souffrance,
Dix ans d'un dur éloignement,
O que son aimable présence
Me cause un doux saisissement !

De son visage plein de charmes
En contemplant les traits chéris,

MÉLANGE.

Je sens bientôt couler mes larmes,
Que fait naître un bonheur exquis.

Dans ses yeux je lis sa tendresse,
Dont toujours je fus si jaloux;
Mon cœur palpite avec vitesse,
Ivre du plaisir le plus doux.

Je tressaille à sa voix si tendre,
J'en reconnais l'accent touchant;
Dans mon ame il vient de descendre,
D'y dilater le sentiment.

Mais combien cette fête encore,
Ce jour ajoute à mon bonheur!
Des souvenirs qu'il fait éclore
Comment peindrais-je la douceur?

O ma mère! objet tout céleste
De la tendresse de ton fils!...
En vain du sort l'arrêt funeste
M'exila de mon cher pays.

Toujours présente à ma pensée,
Objet constant de mes regrets,
A ma mémoire retracée,

Tu ne m'abandonnas jamais.

Roseau par les vents et l'orage,
Par les ouragans tourmenté,
Je les bravais, ta sainte image
Assurait ma tranquillité.

Oui, malgré la réalité
Qui pesait sur ma triste vie,
La plus touchante rêverie
Reposait mon cœur agité,

Alors qu'en ces plages lointaines
Où je fus porté tour-à-tour,
Je confiais à ton amour
Et mes vains plaisirs et mes peines.

Des songes de l'illusion
Ravissant ainsi ma tendresse,
J'appuyais ma faible jeunesse
Contre la dure affliction.

Mais en cette absence cruelle
Tout ce que j'éprouvai d'ennui,
Noirs chagrins, tristesse mortelle,
A ton aspect heureux a fui.

Déja du temps je plains l'outrage :
Mais son équitable rigueur,
S'il m'ôta les fleurs du bel âge,
Me rappelle encore au bonheur.

Je revois avec alégresse
Ces lieux où je reçus le jour ;
Où, premier fruit d'un chaste amour,
J'obtins ta première caresse ;

Où j'ai vu tes soins empressés
Suivre et protéger mon enfance ;
Où, dans les jeux de l'innocence,
Mes jeunes ans se sont passés.

Là, mes sœurs, des amis, un frère
Partageaient mes amusements ;
Là, d'un sensible, un tendre père
Ma main ferma les yeux mourants.

Salut, ô mes dieux ! ô mes lares !
Terre antique de mes ayeux !
D'où m'ont banni destins barbares ;
Sacrés champs ! bords délicieux !

Que votre vue inspire et donne

Profonde et pure volupté !
Mon ame entière s'abandonne
En proie à la félicité.

Mais, quoi ? quelle idée importune
Trouble un bonheur si précieux ?
Dans peu la jalouse fortune,
Hélas ! m'arrache de ces lieux.

Que sais-je, où sa haine constante
Me va reléguer de nouveau ?
Où je dois d'une vie errante
Subir et traîner le fardeau ?

O quand voudra le ciel propice
Régler et fixer mon destin,
Et prescrire un terme certain
A mon exil et mon supplice !

Tendre mère ! ah ! si dans tes bras
Celui qui des mortels dispose
Jamais me ramène et dépose,
Et me rend à ces doux climats ;

A tes côtés, dans ma patrie,
Si, prodigue de ses bienfaits,

Il me laisse couler en paix
Ce qui me reste de la vie;

Lors, occupé de ton bonheur,
Et tout entier à ma tendresse,
Rien ne troublera de mon cœur
Le ravissement et l'ivresse.

RÉPONSE

A UN BEL-ESPRIT,

QUI, VAIN DE SON INDÉPENDANCE, ET DE SES PRÉTENDUES BONNES FORTUNES, ME DEMANDAIT, D'UN TON A DEMI-PERSIFLEUR, QUELLE LUCRÈCE, *enfin bornant le cours de mes galanteries,* AVAIT REÇU ET FIXÉ MA FOI.

Si vous disais la belle qui m'engage,
La mienne amie, à qui seule appartien;
Si vous peignais son gracieux visage,
Ses traits touchants et son tant doux langage,
Sa modestie et son noble maintien,
Son ame enfin, où la vertu respire,
Douce vertu, simple, aimable, et si bien
Qui vous impose ensemble et vous attire;
Lors, oubliant les jeux de la satire,
Surpris, rêveur, envieux de tel bien,
Et jà saisi d'un inconnu délire,
Plus ne sauriez former autre lien,
Plus ne voudriez vivre sous autre empire.

Mais en défaut voyant chacun moyen
Pour si haut cœur attaquer et réduire,
Voire surprendre onc un léger sourire,
Triste, angoisseux par icelle rigueur,
Faible et confus, blessé d'un trait vainqueur,
Et succombant, las! à piteux martyre,
Tôt péririez d'envie et de langueur.

FIN DU SECOND LIVRE
ET DES POÉSIES.

LE PRINTEMPS.

LE PRINTEMPS.

Déjà le printemps redonne un nouvel être à la nature; déjà les tièdes zéphyrs, se jouant sur le gazon naissant, ont remplacé le souffle impétueux des noirs aquilons. D'immenses et tristes nuées ne flottent plus dans les espaces du firmament. Ont disparu, avec le sombre hiver, les neiges, les glaçons, tous les pâles frimas. Les prairies, desséchées par un froid rigoureux et constant, se couvrent d'une tendre verdure; déjà Flore s'apprête à émailler leurs tapis de couleurs non moins brillantes que variées. Les champs sont embaumés de mille fleurs odoriférantes, que vient d'épanouir le souffle bienfaisant et fécond d'un air tempéré, et que n'ose encore attaquer l'avide insecte. Une infinité de jeunes plantes sortant du sein de la terre, embellissent sa surface, et, ranimée par la chaleur bénigne des soleils d'avril, la campagne paraît sourire à ses nouveaux enfants.

Au bruit des torrents qui naguère se précipitaient du haut des montagnes, se creusaient, en grondant au milieu des ravins, de désastreux passages, et dans l'ame émue imprimaient l'effroi et la stupeur, succède le gazouillement des ruisseaux serpentant à travers les prairies, dont le murmure flatteur rassure l'imagination et appelle le sommeil et les songes heureux.

Ces masses brutes et escarpées, ces rocs crevassés et sourcilleux que leur base, enfoncée et minée du temps, laisse en l'air presque sans support, et dont la chute imminente menace en vain depuis tant de siècles, perdent de leur horreur : une verdure tantôt sombre et sévère, et tantôt plus riante, en a déja tapissé les compartiments ; sur leurs flancs décharnés pendent des troupeaux de chèvres broutant les arbustes ; sur leur croupe et dans la vallée errent, par centaines, des vaches mugissantes, et léchant avec amour leurs chers et jeunes fruits. Les échos, muets tout-à-l'heure, s'éveillent au fond de leurs antres à leurs nouveaux mugissements, qu'ils renvoient bientôt plus longs, plus nombreux et harmonieux. Ici le feuillage des arbres, qui s'élèvent en amphithéâtre, commence à dérober à l'œil l'aspect affreux des précipices.

Jusqu'à ces ruines des temps, ces tristes décombres de la nature, ces roches noirâtres, nues et

LE PRINTEMPS. 157

calcinées, écartelées sans doute et vomies pêle-mêle au bas de la montagne affaissée, soit par une convulsion du globe, soit par un de ces grands accidents qu'on ose au plus conjecturer, jusqu'à ces stériles amas de la destruction, monument informe d'une autre nature, qui semblent se vivifier au bruissement des reptiles et des insectes, et par la présence des oiseaux qui les visitent.

Plus de brouillards, plus de ces funestes vapeurs qui, de la terre épandues dans les airs, nous voilaient les cieux, présages fatals et aliment de la pluie. Une autre existence commence pour l'univers. Frais et gracieux comme au jour de la création, par-tout il charme ses habitants, par-tout une surabondance de vie, de desirs et d'amour transporte et, pour ainsi dire, passionne tout ce qui respire, au retour de ces jours radieux et sereins après tant de jours nébuleux. L'homme sur-tout s'étonne, troublé de je ne sais quoi de vague et d'enivrant qui le pénètre, et le remplit d'une émotion inconnue. O qui peindrait cette plénitude de sentiments débordants, cette multitude confuse, cette activité bouillante, cet inconcevable mélange de sensations douces, fortes, tendres et expansives qui se succèdent en désordre, se pressent, roulent dans son cœur, entraînent et absorbent toute sa pensée! Son ame, de tous côtés assaillie, cède, oppressée d'un poids délicieux, et demeure comme suspendue : elle ne peut, ne sait plus que sentir, et tout lui devient sensation.

Cependant l'astre vivifiant, le père de la lumière remonte par degré; il marche plus élevé chaque jour, plus vif, plus pompeux, plus magnifique, plus environné de majesté et de son incomparable splendeur. Déja le mai est planté : un cri d'alégresse le salue de toutes parts, des groupes joyeux se forment auprès, et l'aimable enfance danse à l'entour. De toutes parts s'exhalent et se mêlent ensemble les parfums les plus exquis. Les sureaux, le muguet, les jasmins, le lilas, les deux épines, la rose sauvage, le seringat, les genêts, le chèvrefeuille donnent à-la-fois leurs tributs. Humbles habitants des campagnes, ils en sont aussi les délices. Tandis que les fleurs les plus rares, reléguées à grands frais dans nos jardins, à côté du lis et de l'antique reine des fleurs, s'étonnent de leur règne nouveau et d'embellir une plage inconnue. Mais en vain elles y étalent le luxe de leurs couleurs : hélas! sur ce sol exotique, dans ces étrangères contrées, sevrées des sucs nourriciers de la terre qui

LE PRINTEMPS. 159

fut leur mère, loin des rosées du ciel paternel, loin des rayons, les doux rayons de la patrie, elles attendront toujours les caresses fécondantes de leurs zéphyrs. Ces zéphyrs ne les visiteront plus ; ils ne leur apporteront plus ces esprits odorants, cette voluptueuse suavité que, sans doute, elles ont perdue chez nous.

L'Aurore éclatante de roses et de pourpre se lève parée de couleurs plus vermeilles. Le souvenir de son fils, de son fils moissonné dans la vigueur de la florissante jeunesse, fait toujours couler ses pleurs. De ces pleurs précieux naissent les perles, les saphirs, les topazes et tous les diamants les plus beaux.

Le hêtre énorme, vénérable ornement des campagnes, le majestueux peuplier, dont la tige élancée fuit dans les nues, l'orme, le frêne, le noyer au front large et verdoyant, le chêne altier, l'indien marronier, l'acacia, les tilleuls fleurissants projettent au loin un demi-ombrage. Les fiers sapins prennent une teinte plus sombre encore ; l'aubeépine en fleurs et déja touffue protège la tendre couvée des petits oiseaux, et la vigne bourgeonnée, les vergers blanchis sous les fruits qu'ils promettent, réjouissent d'avance des vendangeurs les bandes folâtres et bruyantes. Jouet des vents capricieux du midi, sans cesse les jeunes épis, espérance du laboureur, s'inclinent avec un léger frémissement. La faiblesse de leur tige souple et délicate, et toujours courbée dans les jeux des vents, leur balancement perpétuel, la variété de leurs ondulations, l'intérêt puissant qui sur eux repose, en font un spectacle agréable et tendre, également touchant et récréatif à la vue.

Un tonnerre lointain et sourd mugit par intervalle ; mais il n'a rien qui effraie ; au contraire, on dirait qu'il vient foudroyer l'hiver ou proclamer le retour du beau temps. A sa voix les mortels, dans un recueillement religieux, se pénètrent de leur Créateur, et lui offrent, en silence, l'hommage de leur reconnaissance, de leur respectueuse admiration.

Le silence a fui soudain qui, dans la morte saison, contristait la nature, ne laissant entendre à l'oreille attentive que les croassements prolongés et interrompus de quelques corbeaux isolés, ou que le souffle mélancolique d'une bise glacée, au fond des vallées brumeuses, et dans les vastes solitudes des forêts dépouillées.

A son éclat, à sa fraîcheur, à cette force vitale par-tout répandue, vous croiriez de l'univers qu'il sort du néant; que, neuf et d'aujourd'hui, il sort des mains de son auteur. Tout éprouve, dans la nature, un bien-être universel, y est comme plongé dans une mer de délices. Quelle joie immense, quelle profonde ivresse ont saisi tous les êtres, étonnés, transportés, hors d'eux-mêmes! Tous ils semblent vivre une vie nouvelle, et essayer, impétueux, et dévorer leur nouvelle existence; tous ils veulent exprimer la vivacité de leurs nouvelles sensations. Le lièvre timide a déposé sa crainte; on le voit se jouer, en plein jour, dans le creux des sillons et sur l'herbe épaisse et fine des prés fleuris; la présence de l'homme a cessé de lui être un objet de terreur. La perdrix amoureuse devance l'aurore de son chant matinal; dans sa marche élégante et rapide, elle monte fièrement traversant les sillons, et buvant la rosée dans le brillant calice des fleurs. Preste autant que jolie, l'aimable bergerette court et voltige à côté et presque sous les pieds des troupeaux. Tout est grace et noblesse dans ce charmant petit oiseau à demi privé. Soit qu'il marche, soit qu'il s'arrête, soit que, par de courtes volées, il se pose de tertre en tertre, et s'étale aux regards, toujours il plaît. Sa vivacité, sa coquetterie, les battements de sa longue queue, dont la fréquence témoigne le contentement et le plaisir, tout en lui plaît et charme les yeux. De tous côtés le pinson et l'ortolan répètent leurs airs. Le premier, vif, perçant, animé, respire la gaieté et le plaisir; l'autre, plus lent, plus doux, plus tendre, serait l'oiseau de la mélancolie. L'agile écureuil se balance sur la cime des arbres, la cigale anime l'épineux buisson, et l'alouette, au milieu des airs, la linotte, la mésange, la fauvette, dans le bocage, célèbrent à l'envi le triomphe du printemps. Aussi beau que volage, aussi brillant, aussi frais que le matin qui l'a vu éclore, l'inconstant papillon s'arrête en un jour sur mille fleurs : plus léger que le zéphyr, par ses attouchements délicats, il ne les courbe pas même. Suspendu à leur sommité, voyez, par le riche éclat de ses ailes, comme il tranche agréablement avec les unes, en même temps qu'il se confond avec plusieurs, de manière qu'il semble n'être qu'un avec elles. Que s'il se pose sur la simple verdure, souvent il apparaît à l'œil étonné comme une nouvelle fleur; c'est une production inconnue, mais admirable, un accident heureux, un doux caprice de la nature : mais que la main s'étende pour la cueillir cette fleur tendre et bigarrée, soudain il s'envole et emporte le prestige. Dans des jeux charmants ainsi il use sa vie. Demain il ne sera plus; mais il aura vécu toutes ses heures, il n'aura rien perdu, rien à regretter du court moment qui fit la durée de son existence.

Gonflé de poisons et de vie, et orgueilleux de la nouvelle robe qu'il a revêtue, le serpent sort au soleil étaler son éternelle et superbe jeunesse. De son corps replié il forme un triple cercle au centre duquel sa tête repose ; l'éclair jaillit de ses yeux enchantés ; dans sa gueule entr'ouverte, bordée d'une légère écume, il darde une langue acérée. Immobile un moment et saisi d'horreur, à sa rencontre inattendue, l'homme se sent frissonner, il pâlit et recule : mais la réflexion, ou plutôt l'instinct, l'impulsion secrète et prompte d'une haine héréditaire, d'un courroux immortel, bientôt arme son bras, et le ramène sur l'animal maudit. Cependant le rusé reptile a reconnu le fils de la femme : soudain, redressant la tête, déroulant ses anneaux, il s'alonge, rampe en sifflant, glisse dans la bruyère, et disparaît comme une ombre aux regards inquiets de son éternel ennemi.

Les oiseaux émigrants, ceux-là que les mois des tempêtes, chaque année, éloignent du climat natal, font par-tout entendre le chant du retour, joyeux de se retrouver sous le doux ciel qui les vit naître. Ainsi reviennent, après le calme, les proscrits de la France, ces déplorables victimes de la fureur et des discordes, jetées, à temps divers, par nos tourmentes révolutionnaires, sur les plages de l'étranger. Je crois les voir : rêveurs et silencieux, ils approchent, ils arrivent et soudain s'élancent, palpitant à-la-fois de tendresse et d'impatience. Enfin ils l'embrassent, ils la possèdent cette terre chérie que, dans les champs de l'exil, invoquait leur misère. Avec quelle complaisance, quel doux saisissement, quelle volupté pure ils touchent, ils foulent ces bords fortunés, ces rivages délicieux tant et si long-temps désirés! Qu'ils aiment à s'y reconnaître, à s'assurer, se pénétrer de leur retour! O par combien de larmes et de transports ils te saluent, noble France, l'éternel amour et l'orgueil de tes enfants! Mais dans quelle profonde extase ta présence les retient! Sans doute ils jouissent en eux-mêmes et d'eux-mêmes ; car, en renaissant à la patrie, au bonheur, ils viennent encore, oui, ils viennent de renaître à la vie. Mais bientôt ils se réveillent, ils se précipitent. Déja au foyer paternel.... O transports d'un vieux père! ô joies ineffables d'une mère ! ô larmes, ô tendresse, ô délicieux accablement d'une épouse ! étonnement naïf, timides caresses de ces tendres enfants ! O charme de la famille !!! O mes frères ! par vos maux passés, par votre retour, par ces moments d'une félicité si pure, par tous les sentiments les plus vifs, les plus saints de la nature, que le doux aspect de la patrie qui vient de faire battre vos cœurs, y éteigne aussi le ressentiment ! Loin de vous, loin de nous l'amertume des souvenirs ! Loin, bien loin la cruelle envie, la haine sanglante, l'orgueil insensé ! Aimons-nous dans la patrie et pour la patrie. Cultivons ensemble, goûtons, savourons tous en paix les fruits exquis de la liberté ; la liberté ! ce bienfait d'un bon roi, également grand par sa bonté, ses lumières et sa sagesse.

Mais quels accords on entend là-bas, près de ce ruisseau ! quelle ravissante harmonie, interrompant le silence nocturne, enchante les heures mystérieuses du repos ! Jeune et innocente Philomèle, ainsi, quand tout se tait, tout sommeille dans la nature, seule, et perchée sur les rameaux du tremble ou du peuplier, ou de l'humble bouleau, vous veillez, et, seule, vous remplissez la nuit d'accents mélodieux et passionnés. Seul aussi l'amant sensible veille avec vous, attentif à la suave mélancolie de vos concerts. Il veille, et ses soupirs, ses brûlants soupirs vous répondent.

Non moins tendre ni moins touchante, dès les premiers feux du matin, sur les bras robustes d'un chêne noueux et touffu, ou d'un vieux noyer, ou d'un ample châtaignier, près de sa compagne chérie, gémit la douce colombe. Heureux le cœur que font tressaillir ses solitaires gémissements, et qui avec elle soupire les charmes d'un amour fidèle et d'une éternelle tendresse !

Cependant les troupeaux impatients s'élancent des bergeries ; ils bondissent, et leurs cris divers se mêlent agréablement au son rustique des fifres et des chalumeaux. La diligente abeille sort en bourdonnant du creux des arbres et des rochers, pour se répandre dans les campagnes, où caressant les fleurs fraîchement écloses, elle leur dérobe ce suc précieux, cette essence exquise qui compose son cher trésor.

Ici le paisible laboureur reprend ses travaux. Ses chansons, sa voix amicale, plus encore que l'aiguillon, pressent incessamment l'imperturbable lenteur de ses bœufs ruminants sous le joug. Par-tout il sillonne la terre, et sa charrue tranchante ouvre et déchire par-tout ses entrailles ; par-tout les incultes jachères sont converties par ses sueurs en guérets fertiles.

Là appareille l'ardent marinier. Déja il lève les ancres, il part, les voiles s'enflent : il vogue, plein de confiance, il court gaiement affronter de nouveaux orages, et défier la terrible inconstance d'un élément dont il a essuyé tant de fois et vaincu les fureurs.

Dans les bois ombragés d'un jeune feuillage, sous les cintres oscillants de leurs branches entrelacées, au lieu des sifflements affreux des vents opposés et luttants, règnent le calme et le silence. Asile des plus doux mystères, de faibles soupirs avec l'haleine du zéphyr troublent à peine leur romantique tranquillité. A l'ombre de ces lieux sacrés et du secret de ces réduits protecteurs, penchée sur le cristal d'une fontaine fraîche et limpide, telle qu'autrefois la naïade, souvent la bergère, innocente et naïve, relève ses timides appas, et sourit en rougissant aux trésors naissants de son sein.

La sérénité de l'air, la beauté de l'horizon, étincelant de pourpre et d'azur, la transparence d'une atmosphère nette et légère, et pure de tout nuage, le paisible bruissement des feuilles mollement agitées, la fraîcheur balsamique qui s'exhale des fleurs et de la verdure, le souffle parfumé et presque insensible qui se lève de l'Orient pour venir sur le sein des fleurs, qu'il féconde, amoureusement reposer; le chant, le gracieux badinage des petits oiseaux, l'aimable variété de leur plumage, le bourdonnement des insectes, ni voraces, ni importuns encore, le bruit continu de mille canaux divers, d'où s'échappent en murmurant un nombre infini de petites sources, qui aussitôt se perdent sous l'herbe et les fleurs des prairies, le reflet, dans une onde fugitive, tantôt du jour flamboyant, tantôt du croissant argenté de la nuit, et de la douce lumière des étoiles scintillant au haut des cieux, les longs et formidables gémissements de la mer commençant à s'apaiser, ces larges vagues qu'elle soulève encore de ses profondeurs, et roule avec lenteur sur le sable de ses rivages, où elles s'étendent, se brisent et expirent, les voix sublimes des grands fleuves, libres maintenant et charriant leurs glaces, qui vont, d'un cours majestueux, porter à l'Océan leurs tributs retentissants, les mugissements des troupeaux paissant sur leurs bords, les airs champêtres des bergers sonnant aux bergères, sur l'aigre musette, le branle rustique et piquant, leurs jeux innocents, la bruyante simplicité de leurs plaisirs, ce concert enfin harmonieux et animé de toute la nature, trop long-temps engourdie, cette pompe incomparable qui la décore, tout, dans l'univers, et la terre, et l'air, et les eaux, tout cause un épanouissement interne, un charme inexprimable, tout inspire une volupté vraiment céleste, et quelque chose d'ineffable, en étendant, en multipliant en nous le sentiment de l'existence, pénètre, saisit, ravit, transporte. L'ame alors, dans une sorte d'enchantement, inondée de délices, suffisant à peine à la foule tumultueuse de ses émotions, les yeux mouillés des plus douces larmes, le cœur souvent dilaté et palpitant, souvent, dans l'effervescence de ses desirs, surchargé d'une inquiétude vague et concentrée, et élançant avec effort des soupirs profonds, on respire la vie et l'amour, on savoure le bonheur d'être, on s'abandonne aux jouissances que prodigue de toutes parts le réveil de la nature.

O Cécile! ô beauté plus touchante que tout l'éclat de la nature, à qui tu dois tes plus grands charmes! éternelle idole de mon cœur, de ce cœur né pour t'adorer! que ne puis-je partager avec toi la douce extase, le tendre ravissement, le charme délirant où me plonge le grand et magnifique tableau que la campagne étale à mes yeux! Que ne puis-je avec toi fouler les frais gazons! avec toi errer dans ces religieuses retraites, sous ces dômes silencieux des forêts que la main des siècles a seule arrondis! Que ne puis-je te voir à mes côtés, tantôt tressant des guirlandes, tantôt cueillant la suave et pâle violette! Simple, timide, modeste comme toi, cette fleur en vain croît en silence et se dérobe aux regards; emblême frappant de l'innocence et de la vertu, ses parfums exquis la trahissent. Ah! sans toi, sans l'espoir d'en jouir un jour ensemble, cette aimable parure du printemps, ces attachantes harmonies d'une nature vierge et puissante ne feraient que serrer, que navrer mon cœur, et ne laisseraient dans mon ame que jaloux regrets, tristesse et amertume.

Mais ce printemps si desiré, si brillant, hélas! combien rapidement il s'écoule! chaque heure déja, chaque instant lui enlève une fleur. O Cécile! vois-tu? ainsi s'enfuient nos beaux jours, nos beaux jours! destinés aux amours. Tous les ans rajeunissent la nature, nous seuls vieillissons sans retour: et quand tous les êtres, dociles à la voix du Créateur, dans une sage sécurité, s'empressent de saisir le présent, et jouissent en paix du seul instant dont ils soient sûrs, victimes d'une fatale prévoyance, esclaves timides de la fortune, qui nous dédaigne, l'espérance et les desirs dévorent notre fugitive jeunesse; nous consumons notre temps le plus précieux à attendre un temps qui peut-être ne viendra jamais, et nous mourrons sans avoir goûté le bonheur. Ah! il n'est que trop vrai, l'homme est le plus insensé des animaux, toujours il arrive, il descend au tombeau avant que d'avoir commencé à vivre.

Hâtons-nous donc, ô mon amie! hâtons-nous de la vider, la coupe des plaisirs. Le printemps et l'amour nous invitent, enivrons-nous de leurs délices. Bientôt l'un et l'autre s'envoleront; bientôt l'ardent été, au milieu de ses richesses, nous laissera regretter le règne gracieux de Flore. Que le sage préfère l'été, mais pour une ame sensible le printemps aura toujours plus de charmes.

FIN DU PRINTEMPS.

FRAGMENTS
DE LETTRES.

FRAGMENTS
DE LETTRES.

A M. G.

Plombières, le 23 décembre 1810.

Toujours point de réponse, ni de la mère, ni de la fille. J'ignore si mes lettres sont parvenues, si elles ont bien voulu les recevoir. O mon ami! pourquoi faut-il que je vive ainsi dans le doute, doute cent fois plus pénible que la plus affreuse certitude? S'il est vrai qu'elle m'aime, comme je le crois quelquefois, parceque je le desire, qu'elle m'écrive, me console dans mon abandon, et, par pitié au moins, fasse cesser mon incertitude. Hélas! il y a si loin jusqu'à la saison où elle me sera rendue.

Que cet hiver, en effet, est long! qu'il est triste, bon dieu! et insupportable! Non que je regrette les vains plaisirs qui m'entraînaient autrefois : à peine seulement si j'y pense. Je ne soupire plus qu'après un seul objet, le digne objet où se sont concentrées toutes les plus tendres affections de mon cœur. Je m'en occupe sans cesse, la nuit, le jour, toujours, toujours. Nulle occupation ne m'en saurait distraire. Que de fois je suis surpris immobile, appuyé sur ma chaise, et plongé dans des rêveries dont je ne voudrais jamais sortir ! J'y passe des heures rapides, j'y passerais, sans les importuns, j'y passerais les jours. Toujours je crois la voir : elle est toujours là ; dans mes rêves de la nuit comme dans ceux du jour, à mon réveil comme à mon coucher. Elle enchante incessamment et tourmente mon cœur. J'entends sa voix séduisante qui le remue tout entier, ce cœur surchargé. J'admire ses traits si doux, si touchants, ce teint où les lis effacent déjà la rose, et qui n'en est que plus touchant, ce regard pénétrant, que tempère en vain un souris doux comme les graces, que je ne supportai jamais sans trouble ; son port, sa taille, son maintien dégagé et décent, ces contours que l'Amour, l'Amour lui-même a formés. Mais que n'admirè-je point ? quelle perfection échappe à ma brûlante imagination ? Tant d'attraits m'enivrent, me pénètrent de mille feux : je me sens brûler, je me sens languir et mourir. O illusions de l'amour ! ô mon cher G. ! oui, elles peuvent être mortelles.

A CÉCILE.

Plombières, le 4 janvier 1811.

Vous devinez juste quand vous dites que mon imagination voyage. Oh! oui, elle galope joliment en effet. Elle va loin, ajoutez-vous : hélas ! trop loin, sans doute ; aussi les illusions dont elle me berce sont-elles aussi fugitives que douces et flatteuses. Mais que diriez-vous donc si vous saviez tous mes rêves ? Combien de fois il m'arrive d'interrompre mon travail, de retourner la tête, et de voir tout près de moi la plus adorable de toutes les femmes paisiblement occupée à quelque ouvrage de son sexe, et dont le souris tendre et gracieux, une douce caresse me délasse délicieusement de mes arides occupations. Je ne sens que trop le vide de ces songes, aussi je m'y complais d'autant plus que le réveil est plus triste.

Pour ce qui est des licences de la poésie, elles ne dépasseront jamais pour moi, mademoiselle, les limites que vous leur aurez marquées. Quelles que soient d'ailleurs ces libertés qui vous offusquent, quelles que soient les illusions où s'égare mon imagination, soyez bien persuadée que mon respect sera toujours à la hauteur de mes sentiments les plus impétueux, et qu'il est la base solide de tout ce que m'inspire l'aimable et douce Cécile.

Ma solitude m'est moins affreuse depuis que je sais que vous la plaignez. Cependant je n'en appelle pas moins la belle saison, dans l'espérance qu'elle vous ramènera, et, avec vous, ces heureux jours de l'été dernier, dont le souvenir seul me console de la rigueur du climat et de la disgrace de ses habitants.

Bien que les plaisirs de toute espèce qu'offre le séjour des grandes villes, à l'époque où nous entrons, me paraissent plus tumultueux, plus étourdissants qu'amusants, et bien au-dessous des plaisirs purs et tranquilles qu'on trouve au sein de sa famille ou au milieu d'un petit cercle d'amis, je suis fâché que vous y renonciez tout-à-fait cet hiver. Un peu de mélange dans la vie en rompt l'uniformité, et le fracas du grand monde peut ajouter un charme de plus à la douceur de la vie domestique. Prêtez-vous y donc un peu, sans vous y livrer. Quant à moi, je n'ai pas ici cette faculté, et je puis dire avec M. Deb., un de mes amis, attaché comme moi à la roue de la fortune, sans en être guère mieux traité :

> Dans ce séjour de pénitence,
> Loin des amours et des plaisirs,
> Je n'ai pour charmer mes loisirs
> D'autre étude que la finance.

J'ajoute, moi,

> Mes rêves et mes souvenirs.

Je vous remercie des souhaits que vous daignez faire pour moi, je vous en remercie de cœur. O Cécile! qu'il ne tiendrait qu'à vous de les remplir! Le plus cher, le plus ardent de tous les miens serait, mademoiselle, de vous voir heureuse, et d'être la cause de votre bonheur.

A LA MÊME.

Plombières, le 28 mars 1811.

Il m'en souvient, c'est en décembre 1809, à un bal, à Remiremont, que je vous vis la première fois. Sans savoir qui vous étiez, je sentais se fondre mon cœur en vous regardant, et ma vue ne pouvait se détacher de vous. Je soupirais sans savoir pourquoi, mes yeux se remplissaient de larmes, j'étais ému et hors de moi. Je ne sais quoi de touchant en vous, dans l'expression de votre physionomie, parlait à mon cœur, et m'inspirait un intérêt que je n'avais jamais senti pour personne.

Quelle que fût cette première impression, elle glissa cependant, et ne laissa dans mon ame aucune trace profonde. Vous partîtes, je retournai dans mon trou, et votre image ne me revint que les premiers jours. Quand, l'été suivant, vous arrivâtes à Plombières, dès long-temps je vous avais oubliée. Distrait alors et préoccupé, en vous revoyant la première fois, à peine je vous remis, vous ne me fîtes plus la même impression. Non : peu touché d'abord des charmes de votre personne, encore moins de la finesse et des saillies de votre esprit, qui me semblait moqueur, je n'ai été séduit que par la bonté, la douceur, la décence, la noblesse des manières et des sentiments, d'un bien autre prix à mes yeux que celle du sang, souvent si peu noble, que par l'aménité tendre et affectueuse, les graces naïves, les égards obligeants, l'aimable prévenance, les attentions flatteuses, l'égalité d'humeur, pour moi si précieuse dans une compagne, si nécessaire, si indispensable peut-être, la simplicité et le naturel de votre conversation, de toutes vos actions ; en un mot, je n'ai été séduit que par les dons précieux du cœur, qui vous rendent l'idole de tout ce qui vous approche, et que l'assiduité m'a fait reconnaître en vous ; et insensiblement l'estime et le sentiment d'une convenance mutuelle ont produit l'amour. Longtemps je me suis fait illusion, et ce n'est que peu avant votre départ que j'ai connu la situation de mon cœur, quoique les plaisanteries de mes amis m'en eussent mille fois averti. Mais ma timidité me retint et m'empêcha toujours de vous déclarer d'une manière positive et directe mes sentiments.

Je suis ravi que vous ayez si peu d'ambition. Cette passion est le plus grand obstacle au bonheur, lors même qu'elle parvient à se satisfaire, si tant est qu'elle le puisse jamais. La contrainte, la gêne, les soins, l'inquiétude attachés aux hauts emplois et aux grandes richesses sont le supplice de ceux qui les possèdent : leur esclavage pour être brillant n'en est pas moins réel. C'est du moins ma manière de voir.

Je pense bien comme vous : le vrai bonheur n'habite qu'avec la médiocrité. Dans cet état, plus près des malheureux, on est naturellement plus bienfesant ; le cœur conserve mieux son ressort, et l'on est moins vicieux que dans l'opulence. Mais nous l'aurons cette médiocrité, qu'ambitionne et trouve le sage. Nous la trouverons dans l'ordre, l'économie, et sur-tout dans la modération de nos desirs, toujours réglés sur nos facultés.

A LA MÊME.

Plombières, le 25 avril 1811.

Depuis qu'il est décidé que vous ne revenez pas dans nos montagnes, j'attends, sans la moindre impatience, je vous assure, le retour des baignants : au contraire, je trouve que le temps va trop vite ; je voudrais toujours rester comme je suis, c'est-à-dire seul avec vous : car vous ne me quittez pas d'un instant, et me rendez plus sensible l'agréable saison où nous sommes. Naturellement sérieux et rêveur, j'ai toujours aimé la campagne ; mais elle n'eut jamais à mes yeux d'attraits si touchants qu'aujourd'hui. Non : je ne vis jamais un si beau printemps, jamais le spectacle de la nature ne fit sur moi une si profonde impression. Eh ! quelle ame de bronze pourrait n'être pas émue en voyant les fleurs et la verdure, si long-temps attendues, reparaître enfin, les arbres revêtir un nouveau feuillage, les oiseaux revenir dans les bois, les troupeaux peupler la campagne, et l'heureux symbole de la vie remplacer par-tout la sombre image de la mort? Que ces jours sont délicieux! comme ils font naître en foule les rêveries! les miennes sont un peu tristes et n'en sont peut-être que plus douces.

Le soleil, gazé par de légers nuages, ne dispense encore qu'une chaleur tempérée; des rosées fréquentes sustentent la terre, pressent la circulation de la sève, et aident la fermentation générale de la végétation. Tous les animaux semblent animés d'une vie nouvelle : à leurs cris répétés, détachés, pour ainsi dire, sans suite ni continuité, à leurs élans, à leurs transports, vous diriez de l'ivresse et du délire. Leur sang bouillonne, leurs esprits frémissent et s'échappent à torrents, tout leur corps est dans le tumulte de l'effervescence. L'activité, la vivacité de leurs sensations les dévore et les pousse hors d'eux-mêmes. J'aime à les regarder sauter, courir, bondir, gambader, s'appeler, se fuir, se vautrer, rouler, et faire mille sortes d'extravagances. Leurs cris différents, les mugissements des uns, le bêlement des autres, les hennissements des cavales et de l'orgueilleux étalon, les meuglements du taureau superbe, farouche, menaçant, couvert d'une sueur fumante, qui cherche et appelle au combat un rival également fier, également ombrageux et jaloux, le bourdonnement des insectes, le gazouillement des divers oiseaux, sans doute, sont des remerciements qui s'élèvent vers le Créateur, et le dédommagent de l'oubli ingrat de l'homme.

Un Virgile, un Tibulle, un Jean-Jacques, ou le chantre d'Éléonore à la main, je cours les champs et les bois toute la journée, recherchant les lieux les plus retirés et les plus sauvages, parcequ'ils parlent plus fortement à mon cœur, ce cœur non moins agité que les sommets les plus hauts des hêtres et des sapins, sans cesse battus des vents. A toute heure j'aime les rochers déserts, les sombres forêts, le bruit des torrents, qui précipitent en cascades leurs flots écumeux, le murmure des vieux arbres, vénérables enfants de la terre, et leurs gémissements pareils aux sons expirants du beffroi; j'aime encore les vertes campagnes, l'émail des prairies, la variété des champs, l'éclat et le charmant parfum des fleurs : mais je les aime surtout le matin, de bonne heure, et le soir, au coucher du soleil. J'éprouve alors je ne sais quoi de plus voluptueux que je ne sens que dans ces moments. L'air est embaumé d'odeurs plus vives et plus suaves; le bruyant du jour est remplacé non par le silence précisément, mais par un bruit paisible que je préfère. Le rossignol chante plus mélodieusement, il s'écoute mieux; le voisinage de la nuit lui prête des accents plus tendres pour célébrer les douceurs de l'amour, les charmes de l'union conjugale et la douce espérance de la paternité. A cette mélodie exquise et d'un si touchant intérêt, le coucou, ce monstre de la nature [1], parmi les êtres sensibles, mêle son cri sonore, que suit souvent comme un éclat de rire moqueur. Image de la dépravation humaine, chercherait-il, comme certains hommes, à affliger l'innocence? à pervertir les plus doux, les plus saints de tous les devoirs? Quoi qu'il en soit, je ne l'entends pas sans plaisir, parcequ'il est un présage du beau temps, et que nous touchons encore à l'hiver. Enfin le cri monotone et continuel des grillons, le chant rauque des raines et des sauterelles, celui du petit crapaud de fontaine, qui sort, comme une douce plainte, de l'herbe épaisse et humide, ou du sein limoneux des eaux, l'obscur et triste son des feuilles séchées, dont l'hiver a jonché la pelouse, et

[1] On sait que cet oiseau n'élève point ses petits; qu'il pond le plus ordinairement dans le nid de l'alouette, dont il a auparavant dévoré les œufs, et que celle-ci couve et nourrit le fruit de son ennemi, sans se douter ou se révolter de la supercherie.

que viennent balayer les nouvelles brises; l'harmonieux gémissement de nos grandes forêts de sapins, légèrement balancées par le souffle du soir ou par l'haleine pénétrante de l'aurore; une sorte de frémissement, qui se laisse entendre le soir, et qui échappe en plein jour, des plantes, des herbes, des feuilles, croissant et se développant, tout contribue à me faire aimer et rechercher le demi-jour des crépuscules.

Je me rappelle souvent mon pays, dans ces courses, ses nombreuses prairies, les ruisseaux qui les baignent, entravés dans leurs cours, et bruissant sur les cailloux, entre les aulnes qui les ombragent, ses beaux points de vue, ses sites riants, pittoresques, enchanteurs, la magie de ses perspectives, la diversité infinie de ses paysages, le bleuâtre aspect de ses collines ondulées aux confins de l'horizon, ses charmants coteaux, que pare, avec de jolies habitations, une culture moins pauvre que variée et gracieuse, ses bois châtaigniers multipliés par-tout, dont le fruit nourricier supplée libéralement, chaque année, à l'insuffisance des céréales, ses champs de sarrasin, d'abord d'un vert tendre et tranché, ensuite changés en nappes d'une éblouissante blancheur, qui délectent l'odorat des douces émanations d'un miel pur et nouveau, enfin toutes les belles et puissantes harmonies qui ressortent de ses campagnes admirablement contrastées, et entrecoupées de haies vives et de grands arbres, à la vérité peu fertiles et trop souvent incultes, mais couvertes de troupeaux, mais égayées par les chansons des bergères dansant deux à deux le branle chéri, en se frappant les mains en cadence ; mais d'une merveilleuse variété, et de tous côtés retentissant de bêlements et de mugissements, et des coups de la cognée du bûcheron, qui va, sur le tard, couper la ramée qui cuira le repas rustique de sa laborieuse famille ; de tous côtés résonnant des fifres et des pipeaux des pasteurs, des cris des bergères et des aboiements de leurs chiens rappelant le troupeau, et des avis du laboureur à ses paisibles compagnons, que sans cesse il flatte, ou presse et aiguillonne ; campagnes si vivantes et si animées, campagnes autrefois mes délices, qui l'emporteront toujours à mes yeux sur les contrées les plus riches, sur les pays les plus vantés.

Les lieux sur-tout où se jouait mon enfance sourient à mon souvenir. O combien de fois, avec une sensible et douce compagne, je les revois ces lieux chéris de ma mémoire ! Mes yeux soudain se remplissent de larmes, votre présence leur a prêté un nouveau charme, ô ma Cécile ! et je vous dois d'être plus vivement ému. Je rencontre encore les bois, les vallons, les collines que plus tard l'ardeur de la chasse me fit si souvent parcourir; les coudres, les noyers, les pruniers, les mûriers sauvages qui, plus d'une fois, m'offrirent un mets que ma faim trouvait délicieux; les sources qui me désaltérèrent, les sièges où je venais m'asseoir un moment à l'ombre, et l'eau transparente de la Vienne, tranquille et bienfesante rivière, où, dans toute leur pureté, se dessinent, sur un fond d'azur toujours changeant et toujours le même, toujours limpide et tremblant, où, dis-je, se dessinent et se répètent, dans une configuration renversée, avec les phénomènes célestes, les divers paysages qui parent ses rives, les arbres, les rochers, la verdure, et les bois obscurs, et les pampres rampants, et les champs cultivés. C'est là, c'est dans ce cristal azuré que, seul avec mon chien, et accablé de chaud et de fatigue, souvent je retrouvai la force avec la fraîcheur. Tous les oiseaux que j'entendis dans les bois du Picq font ici battre mon cœur, ils me causent une révolution que je ne vous peux décrire : mon ame nage dans un mélange inexprimable de tristesse, de regrets et de volupté. Mais j'ai beau écouter, il en est un que je ne retrouve pas. Pourquoi ne vient-il pas dans cette gorge? Pourquoi du moins y est-il si rare? C'est la candeur, la tendresse, la fidélité animées, comme chez vous, ma bien-aimée, c'est l'aimable et plaintive tourterelle. Habite-t-elle les bois qui vous avoisinent? l'avez-vous quelquefois entendue? votre cœur n'a-t-il point tressailli à ses tendres roucoulements? un soupir échappé de votre sein n'a-t-il jamais répondu à ses soupirs? Ah! vous êtes bien digne de l'entendre.

A LA MÊME.

Plombières, le 14 mai 1811.

Laissez-moi vous embrasser, amie, amante incomparable ! laissez-moi vous presser sur ma poitrine, vous couvrir de mes baisers, vous fatiguer de mes transports. Comme vous savez aimer ! quelle ame ! quelle exquise sensibilité ! quelle délicatesse ! quelle plénitude de sentiments ! et comme ils se débordent naturellement et sans effort ! ils semblent s'échapper de votre plume sans que vous y songiez, et les paroles du cœur descendent au cœur. Que je suis donc heureux ! Est-il bien vrai, ma Cécile, que je vous fasse aimer la vie ? Vous l'allez soigner enfin votre santé, altérée par tant de peines, et c'est pour moi, pour moi seul que vous desirez prolonger vos jours ! O mon amie ! ma seule amie ! ô oui ! prolongez-les, si les miens vous sont chers : je jure de ne vous pas survivre. Mais nous vivrons long-temps, nous vivrons l'un pour l'autre, pour nous aimer, et ce bonheur se prolongera au-delà de cette courte vie. Oui, mon amour sera, dans un monde meilleur, ma part de la béatitude céleste. Je n'en desire point d'autre ; je ne veux d'immortalité qu'à ce prix.

A LA MÊME.

Plombières, le 20 mai 1811.

Ainsi vous doutez des sentiments *que je dis avoir* pour vous? Que ce doute est amer! Non, mademoiselle, *je ne dis rien*, mais je sens beaucoup, beaucoup plus que je ne puis dire, voilà pourquoi le doute que vous affectez me fait tant de mal. Je n'eus, je n'aurai jamais l'art de dissimuler : si c'est quelquefois utile, tant mieux pour ceux qui le possèdent, je n'en suis nullement jaloux. Eh! que feindrais-je avec vous? Pourquoi? Que pourrais-je imaginer de doux, de tendre, de passionné, qui valût ce que je trouve abondamment au fond de mon cœur? Ah! laissons la froide exagération à qui n'a point d'ame. Il me suffirait avec vous d'exprimer ce que j'éprouve.

Votre lettre m'attendrit jusqu'aux larmes. Elle est si douce, si touchante! elle invétère mon mal que vous prétendiez guérir, et chaque jour l'amour, le tendre amour jette dans mon cœur de plus profondes racines ; la mort, la seule mort l'en peut arracher.

Moi, vous oublier! être heureux sans vous !... O Cécile! ô douceur, ô espérance de ma vie! que la terre plutôt me dévore! Eh! quels chagrins m'épargnerait ce crime affreux, s'il dépendait de moi? Le remords m'en préparerait de bien plus cuisants : car j'ai surpris votre sensibilité, je l'aperçois même à travers vos barbares conseils. Non, non, trop sensible Cécile! je n'en croirai pas votre excessive délicatesse ; je n'irai point porter à d'autres un cœur qui n'est fait que pour vous, qui seul peut-être vous peut rendre heureuse. On n'aime pas deux fois comme je fais, et le malheur de toute ma vie serait la punition de mon inconstance.

Écrivez-moi donc, écrivez-moi plus souvent : que le charme de votre correspondance m'allège un peu les tourments de votre absence. O Cécile! elle me tue votre absence. Que je souffre! que la vie, loin de vous, m'est pénible et dure! Ma santé est sensiblement altérée : un mal secret me consume, me mine lentement et m'épuise. Je ne saurais dire précisément où je souffre; je ne ressens de douleur nulle part : mais tout mon être est abattu ;

ma respiration est gênée, je m'affaiblis, me meurs par degré tous les jours. Je me traîne à peine, mes jambes ont peine à me soutenir; ma faiblesse s'augmente même de la nourriture que je prends, et c'est après dîner, à table même, que je sens un plus grand malaise, une lassitude plus générale, une pesanteur que j'ai peine à croire, même en l'éprouvant. Je ne me reconnais plus. Peut-on changer à ce point, et si subitement? Moi qui naguère ne savais monter les degrès que par quatre et cinq, à présent j'ai peine à les monter un à un, appuyé sur la rampe, un pied attendant l'autre, comme un enfant ou un vieillard. C'est tout au plus si je puis seul enfourcher un petit cheval, que je monte par régime, tous les matins. Je me vois dépérir, je sèche, je maigris chaque jour davantage, et m'appesantis en même temps. Je ne me sens bien que le matin, tout en me levant, à la pointe du jour, car j'aime à le voir poindre. J'aurais regret de n'être pas déjà au sommet de la montagne pour voir s'annoncer et paraître le soleil, et saluer ses premiers rayons. Après m'être couché si fatigué, si débile, je me lève étonné de respirer librement, de me trouver une force, une agilité que je craignais d'avoir tout-à-fait perdues, et qui tardent si peu à m'abandonner derechef avec la fraîcheur bienfaisante de l'aurore.

Cependant je cours toujours. Le grand air m'est nécessaire, et il me faut un grand espace, il me faut la pleine campagne pour promener ma langueur. Mais je vous retrouve par-tout, ô mon amie! c'est vous qui embellissez, qui enchantez à mes yeux toute la nature, et ses riantes solitudes vous doivent, bien plus qu'au printemps, le charme heureux qui les habite. Vos lettres m'y font fidèle compagnie. Là se complaît mon cœur, plein de vigueur et d'énergie, autant que mon corps est languissant; là je me livre, sans trouble et sans distraction, à toute l'audace de mes pensées, à toute la fougue de mes sentiments, et dans les rêves de l'illusion je noie des maux trop réels, et la dévorante inquiétude, et les soucis rongeurs, et les chimères cruelles de la folle prévoyance. J'y lis, relis toutes vos lettres, les médite, en pèse chaque mot; mon cœur s'en pénètre, il les commente et les savoure. Enfin je suis heureux, car je trouve dans votre commerce l'ombre au moins du bonheur que je goûterais près de vous.

Par pitié donc, écrivez-moi de plus longues lettres et plus fréquentes. Si vous saviez l'effet qu'elles produisent sur moi! avec quelle inquiète impatience j'attends l'arrivée du courrier! comme je compte tous les instants d'une lettre à une autre! Que la vue du facteur ne me fait-elle pas éprouver? quel saisissement! quelle agitation! quel mélange confus d'espoir, de crainte et d'impatience! Je respire à peine. Mais avec quelle palpitation, quelle joie, quelle inexprimable émotion je reconnais vos caractères chéris! Qu'avant d'oser l'ouvrir je la presse de fois sur mon cœur votre lettre, ce trésor de mon ame! que ma bouche s'y colle ardemment! Je ne sais quoi me retient: je me dévore d'impatience, et pourtant j'hésite, je diffère encore; je crains d'abréger mon bonheur. Enfin je l'ouvre en tremblant, je la savoure lentement, m'écrie; mes baisers coupent chaque phrase. Mais déja je suis à la fin. En vain je la recommence, je ne fais qu'irriter mon impatience. Je ne suis pas au bout, que mesurant tristement le peu qui me reste, déja j'en desire une autre; déja il y a un siècle que je n'en ai reçu. J'ai repris mes calculs: le temps si rapide tout-à-l'heure, si insensible, comme il a vite repris sa lenteur! qu'il se traîne péniblement à mon gré! O Cécile! vous le dirai-je? oui, toutes vos lettres me laissent de la tristesse et presque de l'humeur; le chagrin de les voir finir égale le plaisir de les recevoir, et il vient le dernier. Ah! si elles duraient jusqu'à celle qui doit les suivre! alors, seulement alors, je serais heureux. Si encore elles approchaient des miennes ! mais les plus longues n'ont pas quatre pages, et si mal remplies. Au contraire, les miennes toujours si pleines, si serrées.... Quelle différence ! ma dernière n'en avait-elle pas jusqu'à trente-deux ? O Cécile ! quelle immense dette vous contractez, qu'il vous faudra acquitter tout entière un jour ! car, attendez-vous-y, je serai impitoyable, j'exigerai le tout à la rigueur, et vous me paierez, sans remise aucune, capital et intérêts.

A LA MÊME.

Plombières, le 21 mai 1811.

Il est sept heures, il pleut; mais j'ai déja fait une longue promenade, une promenade délicieuse. Éveillé avant trois heures, je ne me suis levé qu'à quatre. Mais quand j'ai vu le temps si doux, j'ai regretté la dernière heure que j'ai passée au lit.

La nuit n'avait pu rafraîchir l'air. Des nuages variés de forme et de couleur ondoyaient dans le ciel, tantôt dispersés çà et là, tantôt enchaînés et en sillons. Les cieux étaient bas, le temps épais et lourd, l'horizon embarrassé et rétréci. Le pourpre un peu cendré de l'aurore était réfléchi par l'occident. Le rossignol semblait vouloir reprendre haleine, après avoir chanté toute la nuit. Mais mille oiseaux le relevaient par des chants et des cris joyeux. Je contemplais la fraîcheur de la nature à son réveil; je me pressais de jouir. Que ce spectacle est grand, est beau! me disais-je; que sais-je si j'ai à l'admirer encore bien long-temps ? si mes yeux, à peine ouverts à tant de magnificence, ne doivent pas se fermer bientôt ? Cette idée, suggérée par la délicatesse de ma santé, avait une sorte de charme ; j'en goûtais mieux le tableau que j'admirais et les délices de cette contemplation. Le soleil a paru enfin. Je l'ai vu sortir. Ce n'était plus le soleil de ces jours-ci, environné de flammes ardentes, et jetant au loin devant lui des torrents de feu : sa lumière était pâle, ses feux sans force et sans éclat, ses rayons partaient incertains, tombaient et disparaissaient tour à tour sur différents points de l'horizon, ne perçant qu'avec peine le rideau de nuages qui les a bientôt tout-à-fait interceptés. Néanmoins il a brillé un moment, et mes rêveries ont changé d'objet. Je m'arrêtais à chaque pas pour voir l'effet de la lumière sur la rosée. Un simple mouvement de tête changeait une goutte d'eau en perles, en diamants de toute espèce. Tantôt c'était un bleu céleste, tantôt le plus beau vert, souvent un jaune, un rouge éblouissant.

En comparant les feux qui jaillissaient ainsi d'une petite goutte d'eau, au faible éclat de nos diamants, je plaignais la folie humaine, qui attache un si haut prix à ces diamants, ces fastueuses pauvretés, et dédaigne de s'arrêter devant les plus magnifiques, les plus admirables de tous. Ceux-ci ne chargent pas les doigts, n'en gênent point les mouvements; on en jouit sans inquiétude ni de les perdre, ni de les ternir. Si la chaleur les fait disparaître, on se console, le premier matin nous les rendra. Ils ont de plus ce précieux avantage de n'exciter l'envie de personne : comme l'air et la lumière ils sont communs à tous les hommes, le pauvre en jouit aussi-bien et plus souvent que le riche, mais c'est peut-être ce qui leur a ôté leur prix.

Ces réflexions et d'autres encore m'ont accompagné durant ma promenade, que j'ai prolongée au-delà de ce que j'avais dessein. En effet, je ne sais si c'est disposition ou quoi, mais ma pauvre tête a furieusement travaillé pendant ces trois heures; et les idées les plus tendres, les souvenirs les plus doux, la plus flatteuse espérance, les images les plus riantes se refoulaient dans mon cœur, qu'ils accablaient de délices. O Cécile ! je me voyais votre époux, et loin d'amortir notre amour, ce titre lui donnait une nouvelle vivacité. Je trouvais en vous un trésor que l'amour, l'ardent amour n'avait pu même imaginer. Je me représentais encore un cher gage de notre tendresse, image vivante de la plus gracieuse mère, qui partageait avec moi vos soins et vos caresses. Que vous étiez touchante alors ! O Cécile ! ô femme incomparable !... Je vous vois toujours : vos regards fixés sur l'enfant, se détournent par moments sur le père, et le sourire de l'amour erre sur vos lèvres ; un doux attendrissement humecte vos yeux ; vous me regardez encore ; et, presque aussi ému que vous, je me lève dans un transport, prends mon enfant, le baise, le remets dans vos bras, et savoure en moi-même tout ce que le sentiment a de plus pur, de plus délicat. C'est la vue des maisons qui m'a tiré de cette rêverie, que d'autres avaient précédée et amenée.

J'étais revenu sur mes plus jeunes années ; le cercle de toute ma vie avait passé sous mes yeux : les soins, les sollicitudes que ma débile enfance a coûtés à mes parents, la tendresse d'une mère, les caresses d'un père, ce tendre père, que nous ravit une mort prématurée, qu'après huit ans je pleure, que je pleurerai toujours ; mes sœurs, mon frère, mes petits camarades, nos jeux, nos chagrins, notre imprévoyance, les peines et les plaisirs de l'âge à demi passionné qui suit l'enfance, je me suis tout rappelé, et dans ces souvenirs était un charme inexprimable. O qu'ils se sont rapidement enfuis ces jours de joie et d'innocence ! qu'ils sont déjà loin de moi ! Éloigné de mon pays, ils ne sont plus pour moi qu'un songe, un songe pur et frais et récent comme ceux de la dernière aurore, mais qui pourtant n'en est pas moins qu'un songe. Non, non, et tous les efforts de mon ardente imagination ne peuvent que franchir, sans l'effacer, l'intervalle toujours croissant qui m'en sépare de ces beaux jours, et que leur rendre l'existence fugitive et trompeuse d'un rêve. Encore si j'avais l'espoir de revoir bientôt mes parents et, avec eux, mes compagnons de cet âge insouciant que je regrette ! Mais vœu, regrets inutiles ! hélas ! la mort a promené sur eux sa faux, et plusieurs ne sont plus : des derniers sur-tout je ne retrouverais plus qu'un petit nombre : couchés dans les malheureux champs de l'Allemagne et de l'Espagne, la plupart ont acheté de leur vie la gloire de notre empereur. Que sais-je d'ailleurs si d'autres, tandis que je les regrette ici, daigneraient me reconnaître ? et s'ils ne paient point de l'oubli les tendres réminiscences d'une croissance simultanée et d'une enfantine amitié ?

Mais que regretté-je, ô Cécile ! si vous m'aimez? Ah ! je bénis bien plutôt mon isolement, sans lequel je ne vous aurais jamais connue, vous, Cécile, qui occupez mon cœur tout entier, qui êtes pour moi une mère, une sœur, une amie, une amante, une épouse, tout ce qui est cher au cœur de l'homme. Oui, vous m'êtes tout cela à-la-fois, vous me tenez lieu de tout ; en vous seule se réunissent toutes mes affections, tous mes sentiments. Patrie, parents, amis, héritages de mes pères, jeux de l'enfance, délire et fougue de l'adolescence, tous ces souvenirs ont fui de mon cœur : vous seule, Cécile, les remplacez tous, vous mon seul espoir, mon unique bonheur. Pour moi vous êtes, vous serez toujours l'univers ; et tout ce qui me fut si cher autrefois, que j'aime encore plus tendrement que jamais, tous les liens les plus doux, les plus sacrés qui m'attachaient à la vie, sans vous, chère amie, ne pourraient plus seulement me la rendre supportable. Je ne vois, ne rêve que vous : pas un instant, un point d'instant que vous ne soyez présente à mon imagination. Mon cœur ne souhaite plus que vous, ne gémit plus que sur votre absence ; vous seule, vous seule lui pouvez suffire. Sans vous, (je le sens trop) une langueur mortelle, l'ennui, le dégoût, les chagrins mineraient mes jours jusque dans les bras maternels, au milieu de mes proches, de tous mes plus chers amis. Mais une chaumière, dans un désert, avec mon amie, m'offrirait le bonheur, le plus pur bonheur.

En effet,

Ni l'or, ni la grandeur ne nous rendent heureux.

Et la pauvreté, l'isolement le plus absolu n'ont rien qui, près de vous, m'effrayât pour moi-même. Je cultiverais gaîment une terre abandonnée et sauvage, mais embellie par votre présence; j'y saurais trouver la suprême félicité. Eh ! quel travail me serait pénible, allégé, enchanté par le charme toujours nouveau de votre société ? Tout, au contraire, ne m'y deviendrait-il pas jouissance? Qu'elles me seraient chères ces sueurs précieuses que vous essuieriez ! Qu'ils seraient savoureux les légumes, heureux produit de mes labeurs, quand vos mains les auraient apprêtés ! Qu'ils seraient doux les fruits des arbres de nos vergers, les dons de la terre reconnaissante et docile à mes soins ! Que le sommeil, après le poids du jour, serait restaurant et flatteur, à vos côtés, dans notre asile modeste, mais brillant de propreté, sur une couche simple et préparée par vous ! Quelle douceur dans nos longs entretiens ! quel charme délicat dans nos soins mutuels, dans le sentiment de l'aimable dépendance où nous serions l'un de l'autre ! Que la promenade, l'ombre des bois, le murmure argentin des fontaines, des clairs ruisseaux qui les reçoivent ; que le vert des campagnes, l'émail des prairies, le parfum des fleurs, l'aspect de nos moissons, le chant des oiseaux, les admirables phénomènes des cieux nous seraient agréables ! Nouvel Adam, dans un nouvel Éden, avec une nouvelle Ève, belle et pure comme la première, comme elle douce, caressante, ingénue, remplie de grace et d'amour, la joie et la merveille de la création, quel autre que le père des hommes aurait jamais conçu les délices de mon sort ?

Voilà un de mes mille et un rêves.

D'autres fois, je me gratifie des faveurs les plus rares de la fortune. Je nage, toujours avec vous, dans les plaisirs de l'opulence. Mais, qui le croirait ? ce rêve me sourit moins que le premier. L'Amour a les goûts simples, il aime la simple nature, il se plaît avec lui-même, dans le calme, le silence de la solitude. L'agitation et le fracas du monde le gênent, l'ennuient, le fatiguent. Et puis telle est la trempe de mon ame, qu'elle serait plus forte contre l'adversité que dans la prospérité. Je me sens capable de soutenir noblement (les peines du cœur exceptées) les revers et l'indigence. Au contraire, je n'oserais me dire à l'épreuve des assauts d'une trop haute fortune. Aux déceptions de l'amour-propre, aux séductions de tout genre qui poursuivent et assiègent la puissance et les richesses, la tête pourrait fort bien me tourner, comme à tant d'autres. M'identifiant avec mon or, et surchargé du poids de mon lourd mérite, bientôt peut-être, dans l'enivrement, l'égarement de ma faible raison, oubliant mes bons et modestes ancêtres, m'oubliant moi-même, et m'élevant au-dessus de mes semblables, me croyant pétri d'une boue supérieure, je deviendrais dur, hautain, capricieux, arrogant, insolent. Alors, méprisé des uns, envié par d'autres, haï de tous, je ne me verrais pas un ami, un seul ami tendre et fidèle. C'est que l'amitié, ce besoin précieux du cœur, ce bien pur et divin, charme heureux, aimable compensation des tribulations humaines, des amertumes de cette vie, la véritable amitié habite rarement les somptueux palais : toujours indulgente, toujours affectueuse, mais toujours simple, franche et modeste, elle s'y sent trop déplacée, et doucement s'en retire. Cependant environné d'une tourbe de lâches et insipides flatteurs, je resterais, tout en les appréciant ce qu'ils valent, leur faible dupe et leur jouet.

Ce n'est donc pas l'extrême opulence que j'ambitionne ¹ puisqu'elle me pourrait être fâcheuse autant et plus que l'indigence. Ce que je souhaite et espère c'est la médiocrité. Car (nous l'avons dit souvent) pour trouver des heureux, ce n'est ni sous les haillons de la misère, ni dans les livrées

1 Époux et père, je pense encore aujourd'hui de même. Le temps, qui change tout, n'a pas changé mon humeur, ne m'a point rendu plus ambitieux. Et que ceux-ci ne s'étonnent point qui savent avec quelle impatience j'attends mon avancement dans la carrière que j'ai embrassée (l'enregistrement et les domaines), cette carrière que j'aime si peu, bien moins parcequ'elle est passablement ingrate, que par la dépendance absolue, la perpétuelle sujétion où elle vous tient, et plus encore parcequ'il faut, par état et par devoir, sur-tout dans les emplois inférieurs, inquiéter toujours, et souvent persécuter, désoler des infortunés, qu'il serait bien plus de mon goût et selon mon cœur de défendre et protéger. Cependant je n'en remplis pas ma tâche avec moins de zèle. Ce n'est pas ma faute si la loi est dure, au lieu que je suis tenu de la faire exécuter telle qu'elle. Et ainsi fais-je, selon ma conscience, sans âpreté comme sans faiblesse, sans passion et sans acception d'aucune personne, évitant ainsi de choquer la justice, la première des vertus à mes yeux, le devoir le plus impérieux d'un fonctionnaire, la condition essentielle de toute société, qui jamais ne fut violée long-temps impunément.

Je reviens à mon texte, que mon desir d'avancement

de la grandeur qu'il les faut chercher. C'est dans les rangs mitoyens que se tient d'ordinaire et se complaît le bonheur; c'est là que se sont réfugiés les derniers vestiges de ce bonheur pur et facile de *l'âge d'or*, que je ne crois pas une fable, et qu'un jour l'amour fera revivre pour nous.

n'est point contradictoire avec mon ambition bornée à une douce aisance. En effet, quand mon mérite, et des protections qui me manquent absolument me permettraient d'aspirer au plus haut grade où je puisse jamais prétendre, à la *direction*, cet emploi, de tous le plus agréable, en ce qu'il offre le plus souvent l'occasion de servir et d'obliger, cet emploi même ne donne qu'une plus grande aisance, qui est loin de l'opulence. Au reste, je ne vise point encore si haut : et vu ma timidité ou ma bêtise, mon inaptitude à me faire des amis puissants, ma crainte d'importuner, et, par suite, ma répugnance à solliciter, sur-tout pour mon compte, par toutes ces considérations, il est douteux que je songe jamais sérieusement à devenir directeur, eussé-je toutes les connaissances, tous les moyens que cette place semble exiger. Le grade immédiatement au-dessous est le seul qu'en ce moment je convoite, et certes ce n'est pas là de l'ambition. Quel autre à ma place ne s'ennuierait pas dans un emploi vraiment trop modique pour un père de famille, qui oblige à des déplacements fréquents, subits, imprévus et fort dispendieux, à user les trois quarts de notre vie loin de tout ce qui nous est cher, et dans lequel je végète depuis près de huit ans ?

A LA MÊME.

Plombières, le 25 mai 1811.

Que le tableau d'une mère remplissant ses nobles et pénibles devoirs est un tableau touchant et imposant! Depuis que je me suis avisé de vous imaginer mère, ce tableau ne sort plus de devant mes yeux. Toujours je vous vois mère aussi tendre, aussi attentive, que vous fûtes fille accomplie, amante incomparable, sensible et fidèle épouse. Je me représente sans cesse un marmot dormant sur vos bras, fixant vos regards et votre pensée. Un baiser l'éveille quelquefois; ses yeux s'ouvrent, il vous voit et sourit. Vous le baisez encore et lui présentez votre sein. Je le vois ce sein, pétri par les graces, que, dans mes transports, je dévorai tant de fois, apaiser aujourd'hui la faim d'une créature innocente, et jolie comme sa mère, et un doux attendrissement a succédé à l'ivresse, à l'emportement auquel mes sens ne pouvaient autrefois suffire. J'entends l'enfant balbutier déja quelques mots. Le premier qu'il prononce chatouille délicieusement mon oreille ; celui de *maman* le suit bientôt.

O Cécile ! que les spectacles, les bals, les concerts, les cercles seraient bientôt déserts, si les hommes consultaient, en croyaient leur cœur, s'ils savaient goûter ses délices ! Ils n'auraient pas de peines à oublier, le bonheur serait en eux, et au milieu de leur famille.

A LA MÊME.

Plombières, le 12 juin 1811.

De quel spectacle horrible je viens d'être le témoin ! O ma Cécile ! étiez-vous du moins à l'abri ? Grand Dieu ! s'il vous avait surprise au milieu des bois ! Quel orage ! quelle tempête ! quel furieux ouragan ! Jamais la catastrophe du monde ne présentera rien de plus effrayant. Quelles nuées épouvantables ! quel sifflement de l'air ! quels épais tourbillons ! quel choc, quel tonnerre des vents ! Dans cette crise de la nature, la foudre gronde et éclate en vain, à peine on l'entend. Mais l'éclair entr'ouvre les cieux, les nuages courent, se traversent, s'entassent sur les nuages ; de longs sillons de feu fendent en tout sens les noires nuées, des sons lugubres, symptômes prochains du fléau qui s'apprête, errant par les airs, effraient et resserrent le cœur, et menacent les moissons. L'alarme est universelle : la création tout entière sent, prévoit, annonce, attend avec transes, avec horreur, le désastre levé sur elle, qui peut-être la va engloutir. Les oiseaux ne font plus entendre que des cris d'effroi; les troupeaux inquiets quittent d'eux-mêmes les pâturages, et se hâtent vers leurs étables; comme eux en proie à la terreur, les bêtes fauves, les animaux les plus sauvages se retirent effarés dans les fourrés, ou s'enfoncent dans leurs tanières. Ce n'est plus, comme tout-à-l'heure, le simple feuillage qui tremble et frémit, dans un infaillible pressentiment, au milieu du calme apparent, de la paix profonde et trompeuse des airs : les arbres mêmes les plus gros, les troncs les plus durs, les plus robustes crient et gémissent, courbés en tout sens et torturés par l'effort invincible des tourbillons. Leurs longs déchirements, leurs plaintes terribles, l'horrible fracas de leur chute remplissent la forêt du bruit le plus lamentable, le plus formidable, qui porte au loin l'étonnement et l'épouvante. Tous les cieux ébranlés mugissent, tous les éléments semblent se confondre, et de la terre en tourmente sortent d'affreux gémissements. Partout règne le désordre : on le dirait, comme avant la création, le seul Dieu de l'univers. Mais quelle impétuosité de grêle ! quels désastreux torrents se précipitent soudain sur la campagne épouvantée !...

Quelles terribles images entouraient mon ame ! Le chaos, le déluge, la fin du monde, le néant, l'éternité, roulaient dans mon ame. J'ai peine encore à me remettre. Je ne vis, ne compris jamais d'ouragan ni si long, ni si violent. Je ne pouvais m'arracher à ces horreurs, qu'éclairait un jour livide et blafard, plus effroyable que la nuit la plus noire. C'est que, dans ce redoutable tumulte d'un bouleversement général, à cette rude mélodie des tempêtes, résultant du brisement, de l'anéantissement des harmonies de la grande machine, établies, dès l'origine, par l'ordonnateur souverain, mon ame attentive et puissamment affectée, extasiée, pour ainsi dire, et comme ravie, mon ame alors jouissait plus profondément d'elle-même, de l'excellence de sa nature; et ferme, immobile, inébranlable, quoiqu'émue et attendrie au milieu des secousses qui agitaient le monde physique, environnée de ruines, mais sans crainte pour elle-même, confiante, impassible, aux assauts redoublés de la destruction, sous lesquels tremblait, prêt à s'écrouler, cet univers qu'elle habite, elle opposait avec orgueil son immortalité. Mais enfin ayant dû chercher un couvert, je regrettais de ne pouvoir plus contempler ce grand spectacle qu'à travers ma croisée, que j'ai tenté d'ouvrir, mais la grêle m'a repoussé, et, en un instant, a rempli ma chambre. Je songeais à vous, ô mon amie! je songeais à cette partie projetée pour aujourd'hui à la campagne, dont vous m'avez parlé dans votre dernière lettre, et je frémissais; le gros temps a cessé, je frémis encore. O mon amie! calmez bien vite mes inquiétudes.

Je m'attendris avec vous, sensible Cécile, sur le sort du malheureux cultivateur. Je vois la campagne bouleversée, les fourrages entraînés, les arbres brisés et renversés, les moissons hachées, et la terre jonchée de tous les fruits que nous avait promis le printemps. J'entends les lamentations de mille familles désolées, qui reprochent au ciel sa rigueur et ses bienfaits. Voyez ce laboureur : voyez-vous son teint hâve et plombé, ses traits alongés, ses regards mornes, son air défait, sa bouche entr'ouverte? le voyez-vous? il marche lentement autour de son champ; d'un œil inquiet il le considère. Un soupir profond sort de sa poitrine, la plus amère douleur se peint sur sa figure décomposée, il lève ses bras suppliants. Voyez les larmes qui tombent de ses paupières. Quel est donc le sujet de sa douleur? quelle perte a-t-il à déplorer? Le fruit d'une année de sueurs et de travail, l'espérance de son hiver, la substance de son vieux père, d'une mère courbée d'années, d'une sœur infirme, d'une femme adorée, de sept enfants. L'orage a tout détruit; un instant a tout dévoré. Infortuné! seras-tu réduit à mendier? Quoi! tu travaillas toujours sans relâche, et tu ne mangerais que le pain du paresseux! O justice divine...! O abyme impénétrable!

Mais retenons un murmure impie. Le calme enfin est rendu à la nature. Muette et morne, elle semble craindre encore, ou douter de son existence, et le silence l'enveloppe tout entière ; silence imposant! que trouble seul le bruit des torrents.

Cependant le ciel s'épure; les nuages qui le cachaient se déchirent, se dispersent, et laissent voir un azur en lambeaux. Déja même le couchant s'enflamme, l'arc consolateur brille à l'orient, et les derniers rayons du soleil mourant nous assurent d'un beau lendemain.

Homme simple et laborieux, cesse donc de te livrer au désespoir: ouvre plutôt, ouvre ton cœur à l'espérance, et la Providence ne t'abandonnera pas.

Je n'en doute plus, chère amie, d'après les aimables aveux de votre dernière lettre, oui, nous fûmes prédestinés l'un pour l'autre. Nos cœurs s'étaient devinés en secret: nous nous sommes aimés long-temps avant de nous l'avouer, de le savoir peut-être. Cet attendrissement inconcevable que j'éprouvai en vous voyant la première fois; cet attrait irrésistible qui m'attirait vers vous, et m'enchaînait à votre société; cet intérêt que je vous inspirais de mon côté, c'était, c'était déja l'amour; c'était une voix secrète qui nous révélait les bénignes pensées de la Providence sur nous.

Que nous serons heureux, ô ma Cécile! que notre vie, après notre union, s'écoulera rapidement! comme le bonheur en précipitera tous les jours! J'en juge par l'immensité de mon amour, amour terrible! qui me tourmente et qui m'enchante, qui me dévore et me nourrit, qui brûle et calcine mon sang, qui ne me laisse aucun repos. Méfiez-vous-en, chère amie, de cet amour qui m'accable. Quelque doux qu'il fût à mon cœur, je vous aime trop pour souhaiter de vous inspirer tout ce que j'éprouve pour vous. Vous êtes trop faible, trop délicate pour n'y pas succomber; vous mourriez en savourant les fureurs qui vous arracheraient la vie.

A LA MÊME.

Plombières, le 26 septembre 1811.

C'est hier matin que j'arrivai, ma douce amie; mais c'est, je vous assure, sans vous avoir quittée. J'avais pour compagnons de voyage deux femmes de bonne mine, et d'une conversation assez agréable : cependant je fus taciturne toute la route. Je prétextai de mal aux dents pour me livrer tout entier à mes réflexions. Je me reportais à ces moments si courts, mais si heureux, que je venais de passer avec la bien-aimée de mon cœur, ces moments qui seront toujours, loin de ma chère Cécile, les plus beaux de ma vie. Absente, je la voyais encore : je voyais ses yeux humides de tendresse se lever sur moi; j'y lisais et puisais l'amour; je voyais son sourire si doux, si touchant; je pressais ses mains, les portais sur mon cœur, ma bouche osait s'y coller, mon cœur s'abreuvait et frémissait de volupté.

O Cécile ! il me semble vous voir encore sur ce fauteuil: assis à vos pieds, à côté de notre digne mère, je ne pouvais me lasser de vous regarder. L'amour était dans chacun de vos traits : la tristesse même répandait sur votre visage un charme inexprimable, et quelque chose qui me pénétrait, qui fondait mon ame. Il me souvient de nos entretiens, de ce silence plus doux, plus éloquent, qui pouvait seul exprimer ce que nous sentions. O que nous nous disions de choses ! et que, sans nous parler, nous savions bien nous entendre ! Et la matinée de mon départ: quels moments !... O tourments de la contrainte ! insupportable bienséance ! qui nous privait de l'amère consolation de nous livrer ensemble à la douleur. Des soupirs étouffés, des larmes dévorées furent l'unique soulagement au serrement de notre cœur. Le silence seul fit encore les frais de nos adieux. Cependant que les heures se succédaient plus rapidement encore ce dernier jour ! tout conspirait à précipiter notre séparation. Ces grosses larmes qui mouillaient vos joues, ô Cécile ! que mes lèvres brûlaient de les dessécher ! que d'efforts pour me retenir ! Quels doux moments, chère amie, nous avons passés ensemble ! ô quels plus doux moments ils nous présagent ! comme je sens battre mon cœur ! mille transports l'agitent, le souvenir et l'espérance le tourmentent également.

Je viens de promener une heure et demie sur la route de Nancy, cette route que je préférai toujours, autrefois parceque j'étais arrivé par-là de mon pays, aujourd'hui parcequ'elle est la route de Nancy. Il y a long-temps que je n'avais promené seul avec autant de plaisir. J'étais tout aise de me retrouver à la campagne. Le spectacle de la nature excitait en moi des émotions d'autant plus vives, que j'avais été quelque temps sans en jouir. Mais que de changements ce peu de jours y avait apportés ! quelque chose de mélancolique semblait répandu autour de moi et dans le ciel et sur la terre, qui m'affectait puissamment. Cependant les sensations que j'éprouvais, encore que bien différentes de celles que me donnaient mes promenades d'avril et de mai, ne laissaient pas que d'avoir leur charme : elles se trouvaient si bien à l'unisson de ma pensée !

Ce n'était plus en effet la nature renaissante, mais la nature languissante, la nature défaillante. Plus de fleurs, plus de zéphyrs, plus de gazouillement des oiseaux, plus de ciel pur et azuré. La verdure est fanée, les feuilles déjà tombent, l'air devient froid et humide, les vents sifflent dans les branches des arbres, qu'ils dépouillent de leur feuillage. Le soleil ne darde plus que de faibles rayons au travers des nuages, qui s'étendent, s'épaississent, et ne laissent voir qu'à de longs intervalles quelques lambeaux de la voûte céleste. Tout est mort dans les champs ou dépérit. Un silence formidable s'élève de toutes parts. O comme ce silence, cette voix de la solitude se fait entendre à mon cœur ! que de choses elle révèle à mon ame contemplative ! Déja le sommet de nos montagnes est couronné de neige ; déja s'avance l'hiver ; je crois déja le voir envelopper toute la campagne. Je me figure les nuits longues et obscures de décembre, les pluies qu'il verse sur la terre, les torrents qui par-tout en naissent, et dont le cours retentit si loin ; je me figure le triste et froid verglas, le souffle glacé du nord, les dures gelées, la nudité et la solitude des champs. Je crois entendre les mugissements des forêts, et ces terribles craquements des grands arbres qui se fendent sous la rude cognée des frimas.

Image de ma Cécile, qui brillez au fond de mon cœur, sans doute vous prêtez des charmes à ce qui m'environne ; car au milieu de toutes les sombres pensées que réveille le retour prochain de l'hiver, je savoure une délicieuse tristesse, une tristesse plus exquise que les joies du printemps.

Je me réjouis de la solitude absolue où je vais dans peu me trouver. O Cécile ! aucun importun bientôt ne viendra plus interrompre les rêves de mon cœur, m'arracher à votre société, et troubler l'unique bonheur que je peux goûter loin de vous.

A LA MÊME.

Plombières, le 9 octobre 1811.

Ma chère Cécile, ô comment pourrai-je vous aimer jamais assez ! Quel trésor le hasard, ou mieux la bonté divine m'a fait rencontrer si loin de ma famille et de mon pays ! Que je serai heureux de vous posséder, couler ma vie avec vous, et vous rendre une portion du bonheur que je vous devrai ! O mon amie ! que je m'abusais quand je croyais mon amour à son comble ! je le sens aujourd'hui, je vous aimerai chaque jour davantage. Je ne crains pas de le dire, mon voyage à Nancy et votre dernière lettre ont beaucoup augmenté l'amour qui me transportait déja. Ils ont aussi changé quelque chose à sa nature. Je vous aimais de fureur et comme par instinct ; ma raison ne pouvait gouverner mes transports. Aujourd'hui c'est le respect, l'amitié, l'estime, la tendresse, c'est le sentiment réfléchi, l'intime persuasion qu'en vous seule je puis trouver la compagne qui me convient, la seule qui soit faite pour moi, qui me puisse devoir et donner le bonheur; ce sont ces doux sentiments qui dominent dans mon cœur, qui composent tout mon être. La passion ne m'aveugle plus : je ne sens plus ou presque plus ce trouble secret, cette vague inquiétude, cette agitation, ce tumulte de mes sens embrasés, cette fièvre délirante qui m'enlevait à la raison, ces vains prestiges d'une imagination déréglée, ces craintes, ces voluptés fantastiques qui fatiguaient mes sens et mon cœur, et m'ôtaient à moi-même.

L'enchantement de votre présence, de votre conversation, de votre douce familiarité a suspendu et apaisé mon cœur, que vous remplissez seule, et la conviction d'être aimé, la certitude de vous posséder un jour, ô Cécile ! de vous posséder ! l'assurance positive que nos goûts, nos sentiments, nos penchants conviennent et se rapportent, ont dissipé les orages qui depuis si long-temps grondaient dans mon ame et en bannissaient le repos. La plus douce sécurité règne en plein sur mon ame aujourd'hui : et puisque vous n'êtes effrayée ni de mon caractère difficile, impatient, emporté, qu'irrite souvent, et selon que je suis disposé, la moindre contradiction ; ni de la plus étrange inégalité d'ame, ni de mon extréme exigence, ni de mes longues mauvaises humeurs, dont je ne sais ou n'ose me rendre compte à moi-même, ni de cette susceptibilité outrée qui me rend subitement si maussade, si insupportable, ni de la plus bizarre jalousie, non la jalousie outrageante de la personne, mais celle plus tourmentante peut-être de la confiance et du cœur, qui ne tolère aucun partage d'affection, ni de soin, ni d'attention, non pas même pour un enfant, pour un oiseau, et qui sera la mienne, je le sens, j'en ai déja éprouvé les angoisses ; puisque tant de défauts ne vous causent aucune alarme, ma bonne Cécile, je ne m'en inquiète plus non plus : je me persuade, au contraire, qu'ils seront un lien de plus de l'amour, par leur contraste avec les qualités opposées qui sont en vous. C'est par là que nos ames auront vraiment prise l'une sur l'autre, qu'elles s'attacheront plus fortement, se pénétreront, s'incrusteront mieux, pour ainsi dire, et s'uniront si étroitement qu'elles ne seront plus qu'une et la même. Dans cette confiance charmante, je suis à moi maintenant, je me sens aimer, je goûte le bonheur de l'être ; moins agité mon cœur me laisse entendre la voix de la raison ; tous deux approuvent mon choix et m'assurent que le plus doux des liens ne fera qu'accroître et fortifier notre mutuelle tendresse. Oui, mon amie, croyez-le, nous nous deviendrons plus chers l'un à l'autre par l'habitude de nous voir et de nous aimer.

Vous avez tort, chère amie : je ne me décourage point, au contraire. Il est bien vrai que la vie me serait amère et odieuse sans l'espoir d'être à vous, et que votre absence me devient chaque jour plus difficile à supporter : mais loin de me laisser abattre, ma confiance devient plus grande ; votre amour me soutient, et l'assurance que notre union ne peut plus être éloignée me préserve du désespoir.

A LA MÊME.

Plombières, le 10 octobre 1811.

Je ne me coucherai pas sans vous dire un petit bonsoir. Vous songez à moi dans ce moment, bonne Cécile.... Que je vous aime moi ! Il n'est pas un instant, un point d'instant, que je ne sois occupé de vous. Dans la société comme dans la solitude, je ne vois, n'entends, ne rêve que vous : ce doux penser est une portion essentielle de mon existence, dont il fait seul tout le charme. Oui, seul il m'attache à la vie. Que, sans vous, elle me serait fâcheuse et dure cette vie fragile, parsemée de peines cuisantes et sans cesse renaissantes ! Ma santé s'use, elle redevient ce qu'elle était cet été, ce qu'elle était encore quand je partis pour vous faire une si courte visite, c'est-à-dire déplorable. Ma langueur me reprend. Près de vous j'étais si bien ! je me trouvais fort, alègre, dispos ; le changement le plus soudain s'était opéré en moi.

Aujourd'hui c'est tout autre chose : joie, santé, bonheur, j'ai tout laissé près de vous, et me voici retombé dans le même état d'où mon heureux voyage, la seule idée de vous revoir m'avait tiré.

Vous le voyez donc, chère amie, l'intérêt de ma santé concourt avec les vœux de mon cœur pour hâter notre union, que la cruelle fortune retarde encore. Ah ! que n'ai-je des millions à mettre à vos pieds ! ou bien (car ma tendresse est si vraie, si pure, qu'il ne me serait pas moins doux de vous devoir que de vous donner l'indépendance et le bien-être) ou bien, dis-je, que le sort ne vous a-t-il été à vous-même aussi favorable qu'il vous fut injuste et contraire ! Mais laissons d'inutiles regrets ; songeons plutôt à vaincre la destinée, à avancer le jour de notre bonheur.

J'ai été me promener sur la fin de l'après-midi jusqu'à la nuit. Quel beau temps ! quel beau ciel, parsemé de magnifiques nuages ! comme l'horizon était clair, net et bien découvert ! comme les douces flammes du soir en détachaient bien tous les objets ! quelle intéressante nature ! quelle majestueuse et attendrissante langueur de l'univers ! que le soleil, dans cette saison, a quelque chose de touchant ! à son coucher sur-tout : ses feux amortis, sa lumière noyée dans une mer d'or, de pourpre et de roses, ses derniers rayons brisés dans les branches déja à demi dépouillées des arbres, et divergeant en tout sens, en lignes étincelantes, dans les éclaircis de la jaunissante feuillée; son large disque, à moitié éteint, sa face agrandie, rouge et rasant la terre, que l'œil ose impunément fixer, et qu'il voit s'enfoncer insensiblement et se perdre derrière l'horizon, les traces lumineuses et teintes des plus riches couleurs qu'il laisse un instant après lui ; l'ombre même et le silence qui se lèvent ensemble des rives orientales, s'étendent par degré, et vont bientôt tout embrasser, tout envelopper ; le temps calme et vif et sonore, qui réjouit les sens et pénètre jusqu'à l'ame, qu'il élève et fortifie, en l'épurant des réflexions noires et des pensées fâcheuses; les harmonies fugitives, mourantes pour ainsi dire, si douces d'ailleurs, si tendres, si délicates et voluptueuses, et, tout ensemble, si sublimes et si imposantes, de cette heure mystérieuse où le jour, infus dans la nuit, ne donne plus qu'une clarté vague, qui faiblit et s'éteint avec une imperceptible rapidité ; ces derniers efforts du jour contre les puissances de la nuit, qui naturellement vous ramènent à la lutte actuelle aussi, mais plus longue et plus terrible, de l'automne et de l'hiver; tant d'accidents opposés, tous admirables, tant de délicieux contrastes, tant d'heureux effets, c'est bien sans doute le spectacle le plus grand, le plus beau, le plus mélancolique, le plus attachant qu'il soit donné de voir. Mais, ô Cécile ! ô combien il me sera plus doux encore et plus ravissant, quand je pourrai l'admirer à vos côtés et avec vous ! Qu'alors il satisfera bien plus pleinement mon esprit et mon cœur !

A LA MÊME.

Hambourdin, le 10 janvier 1813.

Vous voulez savoir si j'ai aimé d'autres fois ou si vous fûtes ma première inclination? Non, ma bien-aimée, non, je n'aimai véritablement jamais que vous, vous seule, et je vous puis assurer que mon cœur était neuf quand il vous connut. Il est vrai que je me suis abusé long-temps : long-temps mon inexpérience, dans l'âge de feu qui succède et touche à l'adolescence, me trompa sur la nature de mes sentiments. Avec le cœur le plus sensible, et plein de vie et de chaleur, une ame passionnée dans toutes ses affections, un tempérament bouillant et précoce, d'autant plus fougueux peut-être et voluptueux, qu'il est plus faible, et puis enflammé par une imagination exaltée, je croyais voir et sentir par-tout l'amour. Toujours inquiet, toujours agité et hors de moi, tout me semblait l'amour : attrait du sexe, desir de plaire, besoin d'aimer, tout s'entendait à donner le change à mon ignorante jeunesse. Dans cet état, j'aimais, j'idolâtrais tout votre sexe, et malgré mon insurmontable timidité auprès des femmes, qui m'en imposent toujours beaucoup, c'est dans leur société que, muet et plein de trouble, je trouvais pourtant le plus de charmes.

Bientôt transplanté seul et sans expérience, de l'ombre de la maison paternelle et des bras d'une mère, sur la scène éblouissante du monde, loin des guides tutélaires, de la protection affectueuse, la douce bienveillance qui, naguère, au lieu de ma naissance, m'accompagnaient, souvent à mon insu, et me devaient diriger dans les traversées difficiles de la vie, bientôt je confondis avec l'amour le sentiment de préférence que m'inspirait tantôt un objet et tantôt un autre, sur cette scène changeante et mobile et toujours décevante. Mais, ô Cécile! qu'il en différait du véritable amour ce sentiment superficiel autant qu'inconstant! qu'il ressemblait peu à ce que je devais éprouver un jour, au sentiment mystérieux, brûlant, exclusif, exquis, indéfinissable qui est l'amour, qui a abreuvé mon ame de tant de délices, et commencé pour moi l'époque de l'existence! car je regarde, ô mon unique amie! je regarde comme nuls les jours que j'ai vécu sans vous connaître et vous aimer. Au contraire, depuis que je vous aime, j'ai immensément vécu; j'ai plus vécu en chacun de mes jours que d'autres en un siècle, puisque j'ai plus senti la vie. Et arrive désormais la mort quand elle voudra, qu'elle me frappe aujourd'hui même, sans doute elle me serait affreuse, mais bien que je n'aie goûté encore de l'amour que les tourments, elle ne saurait faire que ma vie ne fût longue et pleine; et, jeune encore, j'aurais déja prévenu et trompé sa vitesse.

Cependant la faiblesse de mes sentiments me fesait mépriser l'amour; j'en riais, et, parceque j'avais sans peine triomphé de quelques passions, ou plutôt de quelques goûts naissants, et bien plus dans ma tête que dans mon cœur, je traitais de fable ce qu'on publiait de la puissance de cet enfant redoutable et terrible. Déja même je renonçais à m'établir, regardant comme chimériques les idées que je m'étais formées de bonne heure de la douceur du lien conjugal, entre époux bien assortis.

Le célibat me parut bientôt l'état le plus tranquille, le plus doux de la vie, le plus heureux, le plus souhaitable, et je me promis bien de ne m'engager jamais, à moins qu'à une brillante fortune.

Ainsi l'ambition et l'avarice, ces bourreaux du cœur de l'homme, germaient déja dans le mien, et venaient en remplir ou, pour mieux dire, en creuser le vide; déja ma vie leur était dévouée, quand la Providence m'a fait vous rencontrer.

Vous savez le reste, ma bien-aimée; vous savez comme l'absence, si fatale aux amours vulgaires, a, au contraire, enflammé les sentiments que mon cœur éprouvait pour vous; comme ces tendres sentiments se sont nourris et étendus dans la solitude; comme les obstacles mêmes qui le traversaient ont servi mon amour, l'ont roidi et rendu plus fort, plus ardent, plus constant, plus indépendant des caprices de l'aveugle déesse.

A LA MÊME.

Haubourdin, le 5 juillet 1813.

Vous souvenez-vous, ma bien-aimée, d'une promenade le long de l'Augronne, à Plombières, une après-midi? Vous alliez devant, entre deux de vos compagnes. Je vous regardais marcher, admirant en moi-même les graces, le charme entraînant de votre tournure. Mes yeux vous dévoraient. Dans ce moment nous rencontrons la reine d'Espagne, et à peine elle est passée, que je m'écrie : *Qu'elle serait glorieuse si elle avait ce port!* Madame C. et mademoiselle G. se regardèrent, et sourirent avec malice. Plus bas, au-dessous de la forge, en vous donnant la main pour passer sur une poutre en guise de pont, je vous balbutiai :

> Jeune beauté, rivale d'un beau jour,
> Fraîche et vermeille, à peau lisse et si blanche,
> Au port des dieux ; reine de ce séjour,
> Qu'heureux serais ainsi fleuve d'amour,

Avecque vous, passer sur même planche !
Mais le passer, traverser sans retour !

Vous rougîtes, et moi aussi, je crois. Cependant je ne croyais alors vous faire qu'un compliment, une simple galanterie. Je ne me doutais guère que je prononçais dans ces vers prophétiques l'horoscope de ma vie.

Vous rappelez-vous encore la fête nombreuse et brillante des capucins, dont j'étais commissaire avec MM. Jomard, Brossais et Levert ? On dansa après le dîner, qu'avaient égayé tant de couplets joyeux et spirituels, ceux sur-tout des deux maîtres, Samson et Brossais ; on chanta et dansa la ronde de M. Giraud. Les messieurs embrassent les dames. Je me flatte, dans le désordre et la foule, de vous embrasser une seconde fois. Hélas ! j'avais compté sans mon hôte : je ne pus vous surprendre. Vous vîtes la tricherie, et une belle révérence, accompagnée d'un petit air moqueur, fut tout ce que j'obtins, plus force railleries de M. de Boufflers. Je vous aurais bien croquée et battue.

Le souvenir m'en plaît tant de nos petites excursions dans l'aimable pays de montagnes ! Et à vous, ma douce amie ? Songez-vous quelquefois à nos visites au père Vincent, qui, sous l'extérieur simple et rustique d'un paysan, cachait le goût délicat, et inné chez lui, des beaux-arts, une politesse, une aménité rares dans sa condition, et un génie plus rare encore? au riant et tout gracieux Valdajol, où nous dinâmes en si bel air, sous un léger ombrage? au sombre mais pittoresque Hérival, que domine une grande et épaisse forêt de noirs sapins, où la nature sévère, imposante et sauvage produit spontanément en abondance des fraises si parfumées? Vous souvenez-vous de l'orage qui nous surprit, au retour de cette antique abbaye, qui nous trempa tous, et nous amusa tant, hors moi pourtant, qui souriais à peine à ces folies, absorbé que j'étais par mes pensées et mes sentiments? de votre voyage à Luxeuil, où je vous accompagnai avec une partie de la société? fatal voyage! cruelle demoiselle Denicourt, qui vous retint et nous priva de vous plus d'un mois!

Je n'oublierai jamais votre retour : comme je fus agréablement surpris de vous apercevoir, le soir, en entrant chez mademoiselle Bougel, cette vieille et bonne fille, qui vous avait tant regrettée, et qui vous trouvait bonne et aimable par-dessus tous les étrangers qu'elle eût encore logés! A cause de ça, je la pris en amitié et sous ma protection, et si quelque jour je retournais à Plombières, c'est chez elle que je veux me mettre.

Cependant votre présence me plonge dans une vive et profonde émotion. Quelque chose de violent, de subit et délicieux m'avait saisi, pénétré, à votre aspect inattendu. Mon cœur jouissait, mais mon esprit était rêveur, occupé. Les nerfs prodigieusement tendus, je sentais tout mon être en souffrance, et dans un état extraordinaire qui néanmoins n'était pas sans charme. Je ne crois pas avoir éprouvé jamais rien de semblable. Je commençais à m'apercevoir que j'aimais, et pressentais que de l'issue fort incertaine de mon amour allait dépendre le bonheur, le destin de toute ma vie. Je sentais cela bien plus nettement que je ne le pensais : j'ignore même si je pensais, si la succession tumultueuse et rapide de mes idées me permettait de les lier et de réfléchir. Je m'attendrissais en vous regardant, et n'osais vous jeter que des regards dérobés ; jamais vous ne m'aviez paru si touchante. Je me retirai après dix heures, plein d'une douce et vague inquiétude et de mélancolie. Avant de me coucher, je composai cette petite pièce de vers que j'ai intitulée *le retour*. Je vous la portai le lendemain, ainsi que celle plus longue et moins fraîche de *la résolution rompue*. Mais je me trouvai si intimidé, si troublé, que je n'osai vous les remettre en main propre ; je les glissai furtivement dans votre sac. C'est les premiers vers que j'ai faits directement pour vous. Cependant (je ne l'ai reconnu que depuis) la plupart de ces bagatelles qui m'étaient échappées, vous avaient eue pour objet, en ce sens que je savais que vous les verriez, et que j'espérais qu'elles vous feraient remarquer leur auteur.

Votre départ sur-tout vit dans ma mémoire, parcequ'alors, alors seulement, me fut complètement révélé à moi-même le secret de mon cœur, l'étendue, la puissance de mon amour. Je prétexte d'affaires à Épinal, pour vous accompagner jusque-là. Je trouve une dernière place à la diligence, l'heure sonne, me voilà, bien à contre-cœur, dans le cabriolet de la voiture, nous marchons. Heureusement qu'une dame incommodée et ayant besoin du grand air me propose un échange de place avec elle. Elle était à vos côtés; vous vîtes si je me fis prier. Je l'ai chanté ce voyage, sur un ton qui me valut une assez verte réprimande, dont je fus intérieurement flatté et bien aise : c'est qu'en ajoutant à mon estime, elle renforçait mon amour pour un objet chéri, que je me complaisais d'aimer et de respecter, à qui j'aurais érigé des autels, et qui se montre chaque jour plus digne de mes hommages, fussè-je un prince, fussè-je un dieu.

Quand nous approchâmes d'Épinal, mon cœur se serra, une stupeur soudaine, une sorte d'engourdissement de mes facultés anéantit mon ame. Le physique aussi bien que le moral pâtissait chez moi. Dans mon mésaise, je ne pus prendre part au déjeuner, et refusai jusqu'au chocolat que vous eûtes la bonté de m'offrir. Bientôt, en vue d'arriver à vous par ce circuit, j'embrasse tous nos voyageurs et voyageuses, et ce baiser de bienséance qu'en effet vous m'accordâtes à votre tour, rendit à mon ame flétrie le mouvement et la vie; il alluma, précipita mon sang; mes sens s'embrasèrent, le feu, la fièvre, le tumulte furent dans mon sein. Mais l'attendrissement vint vite me soulager. En considérant la vitesse du mouvement qui vous ravissait à moi, peut-être pour toujours, mes yeux s'emplirent de pleurs; enfin ne distinguant plus votre voiture, je m'enfonçai à l'écart et pleurai abondamment.

A LA MÊME.

Haubourdin, le 25 août 1813.

Enfin il est fixé ce jour tant desiré, ce beau jour, cet heureux jour, si long-temps, si impatiemment attendu ! L'ai-je bien lu ? ne rêvè-je point ? O ma Cécile ! ô mon incomparable amie ! n'est-ce pas là encore un de ces songes menteurs dont je me suis vu tant de fois le jouet ? Le sept septembre ! c'est le sept septembre que vous avez choisi !!! Il est bien vrai ?... Je veille.... Je serai donc dans treize jours le plus heureux de tous les hommes ! O Cécile ! dans treize jours je vous posséderai à jamais, à jamais ! Je ne vous quitterai plus ; rien ne troublera plus notre commun bonheur. Tous les jours je vous verrai, à tous les instants du jour, le matin, le soir, toujours, toujours, non plus en rêve, mais en réalité. Plus d'illusions, plus de mensonges : désormais la réalité seule habitera ma couche et se tiendra incessamment à mon côté. C'est vous-même, Cécile, vous-même que mes yeux verront ; je vous entendrai ; votre voix chérie frappera réellement mon oreille et mon cœur ; mes bras vous presseront sur mon sein oppressé du poids du bonheur ; je vous toucherai, mes mains frémissantes vous toucheront ; mes regards, ma bouche avide vous dévoreront tout entière ; tout ce que l'amour a de trésors, de plus doux charmes, sera la proie de mes transports.

O la bien-aimée de mon cœur ! le pourrai-je supporter tout entier ce bonheur qui m'attend à vos côtés ? mon ame y suffira-t-elle ? L'idée seule m'accable d'avance ; déja tout mon corps frissonne, la volupté frémit dans tous mes membres, je me sens presque défaillir. O ma Cécile !!!

Vous serez à moi, à moi pour toujours. Aucune idée de séparation ne viendra plus corrompre le bonheur que je goûterai à vous voir, vous contempler, vous entretenir, vous prodiguer mes caresses avec toutes les marques de la tendresse la plus passionnée. Mon bonheur sera plein et sans mélange de tristesse. Le soir ne nous séparera plus ; je vous retrouverai à mon réveil ; je me verrai l'objet de votre première pensée, de votre premier regard, j'aurai votre premier souris. Vous m'aimerez et me le direz : ô combien de fois je vous le ferai répéter ! Je serai votre époux, un autre vous-même. Vous pourrez, sans contrainte, vous abandonner à toute la tendresse de votre cœur, me payer mes caresses par des caresses. O mon dieu ! O Cécile !... Vous verrez, que nous serons heureux ! Vous verrez mon bonheur et vous en jouirez. Le vôtre aussi, chère amie, le vôtre fera toujours la meilleure partie du mien ; il sera dans tous les temps la première douceur, la jouissance la plus pure de ma vie.

Cependant qu'il me tarde ! qu'il est encore loin ce jour qui va commencer pour nous une chaîne de si beaux jours ! Plus il approche, plus s'augmente mon impatience. Quels siècles, avant de l'atteindre, il nous faut encore traverser ! Qu'ils arrivent lentement les jours du bonheur ! O combien ils nous seront doux ! mais que nous les aurons chèrement achetés ! Hélas ! que de jours, en effet, que d'ans nous avons déja sacrifiés, perdus, dans une pénible attente ! que de pas en pure perte vers la vieillesse impuissante et la mort ! Mais nous en emploierons mieux ceux qui nous restent. Oui : le présent et l'avenir, si doux et si riants à nos yeux, s'embelliront encore du passé, et quels que soient nos regrets des plus beaux instants de notre jeunesse évanouis, ces regrets mêmes auront un charme.

Adieu, ma Cécile, adieu mes premières et mes dernières amours. Je vous quitte pour travailler aux préparatifs de mon départ. Bientôt je ne vous quitterai plus. Après-demain je pars, je quitte la fertile Flandre, pour revenir dans la belle Lorraine. Pour aller plus vite, je prendrai la poste et marcherai de nuit.

Je m'en vais donc repasser dans les mêmes lieux, voir les mêmes pays que je traversai en décembre 1811? Mais que ma position est changée! quel heureux voyage cette fois! qu'il diffère du premier! Alors je vous quittais, je semblais vous fuir; cent lieues d'intervalle allaient se trouver entre nous : je vas maintenant vous rejoindre, vous rejoindre à jamais. O Cécile! ô ma Cécile!!!

Mais je m'oublie. Je suis transporté, hors de moi, fou. Adieu encore, adieu, adieu.

FIN.

ERRATA.

Page 56, vers 13, *au lieu de* mais encore plus séduisant, *lisez :* volage et toujours séduisant.

Page 67, vers 10, *au lieu de* le détracteur de la cour de Cythère, *lisez :* le détracteur du culte de Cythère.

Page 70, vers 21, *au lieu de* l'albâtre et les doubles trésors, *lisez :* les précieux et pudiques trésors.

Page 79, vers 11, *au lieu de* le brillant embonpoint, *lisez :* l'élastique embonpoint.

Page 120, vers pénultième, *au lieu de* la charmante Sophie, *lisez :* la rebelle sophie.

TABLE

DES PIÈCES CONTENUES DANS CE VOLUME.

Épitre dédicatoire.   page 5.

LIVRE PREMIER.

Hymne à l'Amour.	9
Il est instant d'aimer, ode.	11
Couplets (ô mes amis! etc.).	13
Autres (amis, qu'à nos jeux, etc.),	15
Autres (amis, en ce jour de fête).	16
Résolution rompue.	18
Envoi à Mademoiselle de Fournier.	22
Le Retour.	24
Aux détracteurs de l'amour.	26
Le Voyage.	28
Le Silence.	33
La Bourse.	37
A Cécile, pour sa fête.	40
La Réserve, romance.	42
Souhaits de bonne année.	44
Idylle.	46
Envoi à Cécile.	51
Ode sur le retour du printemps.	52
A M. Deb. qui me prêchait l'inconstance	56
A des amis qui m'engageaient aux plaisirs et à cultiver les Muses.	59

Sollicitations. 63
Le Baiser. 68
Portrait de Cécile. 72
Épilogue de ce livre. 73

LIVRE DEUXIÈME.

A Mademoiselle R. sur un bouquet. 77
A Mademoiselle P. en lui envoyant une corbeille de fleurs le jour de son mariage. 81
Vers pour un enfant à son instituteur, en lui offrant un bouquet, le jour de sa fête. 83
Billet à un ami en lui envoyant un vase de porcelaine. 84
A Mademoiselle.... sur des vers érotiques qu'elle avait composés. 85
A Mademoiselle Martinet, en lui présentant des fleurs. 86
Couplets chantés au mariage de Mademoiselle A. 87
Autres, pour la fête de Madame L. 89
A M. Brossais qui m'attribuait une romance anonyme. 90
A des Dames, sur l'amour et la peur. 92
A Mademoiselle I., peintre en miniature, sur ce qu'elle flattait ses portraits. 93
A la même, en lui adressant le prix de mon portrait. 95
A la fontaine ferrugineuse de Plombières. 96
Couplets chantés à Plombières, au bassin neuf. 98
Couplets chantés à Plombières dans une fête, en 1810. 100
Amende honorable à des dames. 102

Impromptu sur une réponse de Madame Briche, aux vers précédents. 104
A M. Giraud, lors de son départ de Plombières, en 1810. 105
Élégie sur le départ des étrangers de Plombières en 1810. 106
Envoi à Madame de Boufflers. 110
A M. Jomard, lors de son départ de Pombières en 1810. 112
A Madame Joseph Bonaparte. 114
Épithalame pour Mademoiselle G. 120
A Mademoiselle de C. partant pour le couvent. 123
A M. Lafite, sous-principal du collége de St.-Sever, le jour de sa fête. 125
Billet à M. Foucaud, en lui renvoyant une fable. 127
A la France, en mars 1815, ode allégorique. 128
Ode sur le débarquement de Bonaparte en 1815. 130
Strophes lyriques, après la bataille du Mont-Saint-Jean. 139
Couplets pour la fête de M. et de Mademoiselle de C. en 1819. 142
A ma mère, le jour de sa fête, 25 novembre 1820. 145
Réponse à un bel-esprit. 151
Description du printemps. 155

FRAGMENTS DE LETTRES.

A M. G., le 23 décembre 1810. 175
A Cécile, le 4 janvier 1811. 177

A la même, le 28 mars 1811. 180
A la même, le 25 avril 1811. 183
A la même, le 14 mai 1811. 191
A la même, le 20 mai 1811. 193
A la même, le 21 mai 1811. 199
A la même, le 25 mai 1811. 210
A la même, le 12 juin 1811. 212
A la même, le 26 septembre 1811. 218
A la même, le 9 octobre 1811. 223
A la même, le 10 octobre 1811. 227
A la même, le 10 janvier 1813. 231
A la même, le 5 juillet 1813. 235
A la même, le 25 août 1813. 241

FIN DE LA TABLE.

www.ingramcontent.com/pod-product-compliance
Lightning Source LLC
Chambersburg PA
CBHW070523170426
43200CB00011B/2303